本书是上海市教育教学改革项目"对接世界海关组织相关标准的跨境电商人才培养体系之构建与实践"（项目编号：3204134A1900）、2018年海关总署监管司委托项目"跨境电商海关监管研究"（项目编号：2312467K1802）的阶段性研究成果之一。

跨境电子商务国际海关管理

上海海关学院学术文库

高翔 著

上海人民出版社

编委会

主　任

丛玉豪

副主任

陈　晖　岳　龙

编　委（按姓氏笔画排序）

王志军　王丽英　孙　浩　李九领　吴　慧

杨　骁　胡　蓉　黄丙志　黄胜强　潘　静

总　序

习近平总书记于 2013 年首次提出了构建人类命运共同体的倡议。以构建合作共赢为核心的新型国际关系为主线，我国推动"一带一路"倡议，积极构建新型大国关系，中国的国际形象和地位明显提升，国际影响力明显增强。中国经济的稳定发展，对世界经济的繁荣做出越来越大的贡献，越来越多的外国政府和学者也在关注世界经济中的"中国因素"。"让中国了解世界，让世界了解中国"也成为广大学者的光荣使命和不懈动力。

随着我国国际交往的日趋频繁，中国海关的国际影响力不断增强，海关国际合作已成为我国对外合作的重要组成部分。中国海关在国际合作中，根据业务改革需求，在符合中国国情的前提下，凝聚力量，增进共识，向国外提供中国海关的最佳实践经验和解决方案，共同提升世界海关的现代化水平。与此同时，中国海关不断提升国际视野，了解和研究国际海关监管趋势，努力打造先进的、在国际上最具竞争力的监管体制机制，在全球性国际海关规则制定中提升话语权。

海关总署倪岳峰署长提出了"上海海关学院要建设成为研究探索中国特色社会主义海关发展规律的主战场"，为此，上海海关学院围绕建设海关特色鲜明、服务国家战略、具有国际影响力的一流高等学府的发展目标，以需求、目标、问题、效果为导向，实施人才强校、关校融合、国际化三大发展战略，坚持立地顶天、依特做特、以特促强，走特色办学的发展之路。

特色办学离不开特色学术研究。当前，上海海关学院积极开展高水平的基础研究，对标海关实际需要开展应用研究，紧密跟踪国际海关动态开展比较研究,积极探索海关学的内涵,为海关学的创建奠定学科框架体系。在此背景下,上海海关学院发挥在国别海关研究方面的优势,组织力量围绕贸易便利化、供应链安全及跨境电商等主题开展了相关研究,形成了"上海海关学院学术文库"海关国别比较系列丛书,希冀为中国海关完善监管体制机制提供智力支持。

学科特色和水平是大学办学特色和核心竞争力的集中体现,上海海关学院不断优化学科专业布局结构,与海关总署统计分析司、研究中心以及上海市人民政府发展研究中心等建立协同创新共同体,依托"海关与经贸研究院""海关与国门安全研究中心"等智库,聚焦学科特色发展方向,对接海关及外经贸事业发展以及区域经济社会的需求,共同开展重大课题项目攻关,提高科研创新能力和科研服务水平,提高服务海关及外经贸事业的能力。相信在我们的共同努力下,上海海关学院在海关研究领域的话语权和影响力将进一步提升,中国海关学术研究会更加繁荣。

上海海关学院校长、教授 丛玉豪

目 录

第一章

绪　论

第一节　跨境电子商务的概念

在跨境电子商务(以下简称跨境电商)的领域里,交易不再需要人们在线下实体店依靠纸介质单据(包括现金)进行,而是利用互联网,将详细的货物信息上传于云端、通过完备的物联网配送系统和快捷安全的支付系统进行。2018年8月31日,中国正式出台《电子商务法》。该法所称的电子商务,是指通过互联网等信息网络销售商品或者提供服务的经营活动。跨境电商,就是在此基础上进行的进出口商贸活动。该法提出,电子商务经营者从事跨境电商,应当遵守进出口监督管理的法律、行政法规和国家有关规定。

跨境电商是电子商务在国际贸易领域的应用,是指分属于不同国家的交易主体,通过电子商务手段将传统进出口贸易中的展示、洽谈和成交环节电子化,并通过跨境物流或异地仓储送达商品、完成交易的一种国际商业活动。[①]还有学者认为,跨境电商是不同关境的个人及企业,依靠互联网平台进行交易,从而实现服务、货物及资金往来的全球贸易方式。跨境电商不仅涵盖了出口或进口贸易,并且还包括服务、货物贸易,其贸易模式重点涵盖了海外代购、C2C、B2C、B2B等。[②]梁慧慧认为,跨境电商是指不同关境主体,包括企业和个人,通过电子商务的手段,将货物陈列、沟

[①]　柯丽敏、洪方仁:《跨境电子商务理论与实务》,中国海关出版社2016年版,第3页。
[②]　马秉鑫:《我国跨境电商发展模式及未来趋势探究》,吉林大学硕士学位论文,2019年提交。

通洽谈和最终交易的环节数字化、电子化,并由跨境物流方式运输货物、实现货物进出口的一种商业活动。①中华人民共和国海关总署 2016 年第 26 号公告将跨境电商海关监管的适用范围定义为:电子商务企业、个人通过电子商务交易平台实现零售进出口商品交易,并根据海关要求传输相关交易电子数据的。②

在当前形势下,全球跨境电商存在发展不平衡的情况。发达国家的跨境电商发展起步较早,目前已基本形成了比较成熟的市场。跨境电商在国外的发展要追溯到 1995 年亚马逊和 bay 在美国的成立,这种以互联网为媒介的商品和服务交易成为新兴的经济形式,并以迅猛的速度席卷全球。目前,全球跨境电商行业不断发展,正在呈爆发式增长,各类跨境电商平台在这样的环境下正在取得前所未有的发展。

根据 2019 年的艾媒报告:中东地区消费者的跨境电商交易占所有网购项目的 70%,在所有网购类型中占比最高;欧盟和南美地区的跨境电商交易约占其网民交易的六成左右;而亚太地区和北美地区的跨境电商交易在其地区的网络交易中占比不足五成。在跨境电商领域,物流绩效是评估其发展情况的重要指标。物流绩效指数反映出清关程序的效率、贸易和运输质量相关的基础设施的质量、物流服务的质量、追踪查询货物的能力及货物在预定时间内到达的能力等。而在这方面,德国的物流绩效排名第一,中国位列第 26。排名前 30 的国家或地区里,欧洲国家占 18 个,亚洲国家或地区占 6 个。服饰鞋帽为消费者通过跨境电商购买最多的品类,亚马逊和全球速卖通则是跨境购物的两大首选,eBay 也占据了较多的市场份额。③

---

① 梁慧慧:《中国跨境电商面临的机遇与挑战》,《河北企业》2018 年第 3 期,第 70—71 页。

② 《关于跨境电子商务零售进出口商品有关监管事宜的公告》,中华人民共和国海关总署公告〔2016〕26 号,2016 年 4 月 6 日。

③ 艾媒新零售产业研究中心:《2019 年中国社交电商行业研究报告》,来源于 https://www.iimedia.cn/c400/64206.html,2020 年 3 月 27 日访问。

全球其他国家在跨境电商领域起步较慢。目前,欧洲交易份额最大的电子商务市场是西欧,其中,马其顿地区和葡萄牙跨境电商网购的普及率最高。在澳大利亚,跨境电商占电商市场份额的 25%。数据显示,澳大利亚网购者更青睐跨境购买英美产品。

近年来,中国的跨境电商发展十分迅速。随着科技的不断发展和跨境电商覆盖范围的扩大,跨境电商会衍生出更多的发展模式,其概念和内涵还需要不断完善、改进。

第二节　跨境电商的主要模式

当前,跨境电商有许多不同的发展模式,比如 B2B 模式、B2C 模式、C2C 模式、M2C 模式、社交电商、G2G 模式、保税区模式等。下面简要介绍一些主要发展模式。

一、B2B 模式

B2B(Business-to-Business)是指企业与企业之间通过网络,进行数据信息的交换和传递,开展交易活动的商业模式。从交易量上来看,B2B 模式在跨境电商中占据主导地位,其交易量占跨境电商总交易额的 80% 以上,但近年来,其比例不断下降,从 2012 年的 96.2% 下降到了 2018 年的84.6%。[1]买卖、服务、合作是跨境电商 B2B 模式的三大要素。买卖就是指B2B 网络平台负责为消费者供应物美价廉的货物,吸引更多的消费者进行购买;服务主要指的是为消费者提供优质的物流服务和购买体验,促使消费者进行多次购买;合作主要指的是与大型物流企业合作,或者自建物流体系,确保消费者购买后可以及时收到货物。[2]

---

[1] 蔡文芳、刘晓斌:《跨境电商 B2B 发展存在的问题与对策》,《宁波经济》2020 年第 3期,第 27—32、35 页。

[2] 梁淑玲:《我国 B2B 电子商务标准化的现状与发展探讨》,《中国标准化》2019 年第10 期,第 248—249 页。

二、B2C 模式

B2C(Business-to-Consumer)是直接面向消费者销售产品和服务商业零售模式。在跨境电商模式中,B2C 是一个重要的组成部分,其所占整个跨境电商比重约为 15%。[①]作为跨境电商领域中的重要分支,B2C 模式简而言之即是以国内为基础、以世界为目标的外贸出口零售模式。该模式的两个主体分别为企业和个人消费者,通过电商平台实现交易。相比于其他模式的跨境电商,B2C 模式的主要优势在于能够进一步拉近产品直销企业和消费者的距离,在有利于企业主体节约成本的同时也有利于消费主体,提升了消费的经济性。

三、C2C 模式

C2C(Customer-to-Customer)是消费者之间的电子商务模式,其主要代表为海外买手制。C2C 构建的是供应链和选品的宽度,在消费者主导化的时代,这种模式可以满足个性诉求和情感需求。C2C 模式可以在精神社交层面促进用户沉淀,满足正在向细致化、多样化、个性化发展的消费者需求。C2C 的平台效应可以满足碎片化的个人需求,形成规模。但是,C2C 模式服务体验的掌控度较低,个人代购存在一定法律风险,并且目前占跨境电商总量比例不高,规模不大。

四、M2C 模式

M2C(Manufacturers-to-Consumer)是指生产厂家直接对消费者提供自己生产的产品或服务的一种商业模式,其特点是流通环节减少至一对一,降低销售成本,从而保障了产品品质和售后服务质量。M2C 模式的本质是以商家入驻平台,交易由商家与消费者自己进行,平台解决支付和

---

① 李菁菁、王明辉:《我国 B2C 跨境电子商务物流模式分析》,《商业经济研究》2018 年第 3 期,第 119—121 页。

信息沟通问题。在传统的渠道分销商业模式下,由于地理区域的阻隔使商品和信息流通受到限制,厂家很难完全直接掌握和控制对普通消费终端的销售,所以需要建立分级的渠道分销体系,委托或代理来实现区域销售的工作。随着互联网的兴起和大物流的建设,地域的界限被打破,信息可以低成本无障碍流动,交易跨越时空随时随地发生,这为制造和消费直接对接提供了物理基础,使得 M2C 模式从理论到实际操作成为可能。[①]

五、社交电子商务

随着科学技术的发展,社交电子商务(以下简称社交电商)行业也加入了跨境电商领域。社交电商是通过社交媒体,利用线上的人际关系网络,进行货物和服务的销售行为。起初社交电商仅限于国内的网络范围内,随着全球文化在网络平台上的传播,该行业也朝着跨境电商领域发展。社交电商成功地实现了低成本营销和渠道下沉,同时社交电商的兴起也引领了创业、带动了就业。因此,社交电商这种新的电子商务模式在这几年越来越被人们所接受。社交电商使用的多场景、点对点营销客户的方式,缩短商品流通环节,节约了营销、物流等成本,满足了人们对于相同品质下低价商品的需求。跨境社交电商还表现为社区交流、分享等形式,通过社交网络和平台进行交流宣传等。与传统电商相比较,社交电商是有温度的商业模式,即使没有发生购买行为,依然可以通过日常社交了解客户需求。例如,通过一些有品质的文章,发动粉丝讨论,让客户了解商家的专业性。正因为有了专业的意见和建议,用户更有安全感和信任感,提高了客户的黏性。商家通过粉丝的反映,筛选自己的货品,从而推动购买行为。当货品受到客户认可时,客户同样也会向自己的社交圈

---

① 黄洪程、周山、王璞:《电子商务模式之争和 M2C 的思考》,《生产力研究》2012 年第 12 期,第 179—180 页。

介绍,商家就会享受到客户裂变带来的红利。①

第三节　跨境电商的特征

一、直接性

跨境电商 B2B 与 B2C 两种模式融合发展,优势互补。跨境 B2B 通过融合跨境 B2C 来打造产业品牌,挖掘客户资源,打通渠道通路,占据市场份额;跨境 B2C 企业通过利用跨境 B2B 来进行优质采购,大大节约了采购的成本。这两种模式的融合缩小了企业与消费者之间的距离,减少了传统外贸行业顾客与企业之间必经的繁琐程序,加快了供给端与需求端之间的交流速度,同时大大降低了交易成本,提高了商品转换的效率。

二、全球性

网络是一个没有边界的传播媒介,依附于网络的跨境电商自然也有着全球性的属性。众所周知,跨境电商平台可以实现全球商品的购买与售卖。全球中心仓的建立更是把进出口贸易的集拼和分拨流程融为一体,提高了仓库周转和存储的效率。此外,跨境电商的快速发展对于全球贸易体系和供应链体系的构建和完善起到了积极作用,为世界形成一个开放、包容、平等的贸易环境推波助澜。

三、数据化

当今的时代是一个信息爆炸、用数据解释的时代。跨境电商平台可以根据用户交易数据和访问数据分析其消费习惯并推荐其心仪产品,甚

---

① 魏英华:《浅谈移动互联网下社交电商的发展》,《中国商论》2020 年第 7 期,第 1—2 页。

至用户上一秒还在谈及的商品,下一秒就出现在了浏览界面。企业根据数据预测市场走向,从而精准地做出营销策略。因此,互联网技术、云计算、人工智能和区块链成为跨境电商强有力的技术支撑,同时也是其未来发展的趋势导向。

四、匿名性

使用互联网在线交易时,消费者可根据需要隐蔽自己的真实身份、地理位置等相关信息。这一特性本意是保护消费者,避免消费者因信息外泄带来的大量垃圾短信、垃圾邮件,甚至账户钱款被盗取、名誉受损等不良影响。然而,这一特性会导致消费者权责不对等,也降低了避税成本,会使避税现象更为严重。在虚拟社会里,消费者享有的自由远大于所需承担的责任,更有不法分子利用跨境线上交易的匿名性逃避征税。在跨境电商交易中,交易人的身份及地理位置等信息难以获取,税务机关就无法对纳税人的交易情况和应纳税额进行核实,这给税务、海关等监管部门的工作造成了一定的麻烦。

五、小批量与高频度

跨境电商的成交量等级分布很广,既可以是大批量,也可以是单件产品,但主要存在的形式是小批量。客户可以在任何时刻下单,也可以独立进行几次订单结算。跨境电商的这两个特点大大降低了其销售平台的门槛,扩大了顾客的消费面,从而帮助企业更好地渗透于市场。

第四节 全球跨境电商发展现状

一、全球跨境电商发展概况

跨境电商的蓬勃发展为全球贸易注入了新的生命力。通过信息流、资金流和物流的高效整合,跨境电商在时间和空间上都缩短了产品与市场之间的距离,降低了市场的进入门槛,简化了交易的流程和环节,同时还有交易成本低、交易周期短的优点。总之,跨境电商就是在传统的国际贸易中引入互联网技术,通过电子数据的传输达成交易,利用互联网的全球性、电子数据传输的即时性,拉近了买卖双方之间的时间和空间的距离,为双方提供了一种更加有效率的交易方式。但由于不同国家和地区间经济、文化和制度的差异,各个地区和国家的跨境电商发展呈现出不同的发展水平。通过梳理典型国家跨境电商发展的最新趋势,不仅有利于我国的跨境电商发展,更有助于总结目前全球的跨境电商发展现状。

二、典型国家和地区跨境电商的发展现状

(一)美国跨境电商发展现状

美国由于其经济和科技处于全球领先地位,相较于其他国家,跨境电商领域发展较早。美国的亚马逊、eBAY 是目前全球规模最大的两家跨境电商平台。作为全球最早开辟了电子商务领域的电商公司,其运作模式、产业链布局与规则制定对我国的电子商务发展具有重大借鉴作用。自开始发展以来,美国电子商务平台销售规模增长快速,全美电子商务排名高居世界榜首。2010—2016 年,美国电子商务销售额年均增速为15.35%,2017 年、2018 年电商销售额分别为 3 500 亿美元、4 450 亿美元。据预测,2027 年美国电子商务零售额将突破 1 万亿美元。在世界电子商务排名上,前三名多年来一直由亚马逊、沃尔玛和 eBAY 包揽。亚马逊在美网络零售额长期一家独大,2017 年零售额占比为 34%,预计到 2027 年占比可达到53%。①

---

① 搜航网:《跨境电商|2018　美国电商行业现状与发展报告》,来源于 http://www.Sofreight.com/news_24176.html, 2019 年 5 月 31 日访问。

目前,美国电子商务仍然保持一种良好的发展态势,在原有的庞大市场规模的基础上,呈现出以下特点:

第一,多家实体零售商由线下转至线上。目前整体而言,美国的线下零售商巨头几乎在线上销售方面都占有一定的市场份额。如图 1.1 所示,2016 年美国十大零售商中,沃尔玛的线上市场份额达到近 8%,位列十大零售商之首。其他零售商在线上市场也均有涉猎,且其线上的营业收入取得了可观的成果。随着时间的推进,各大零售商的线上市场份额还在不断增加。

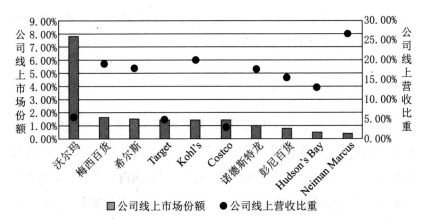

图 1.1　2016 年美国十大零售商线上市场份额及线上营业收入占比

资料来源:eMarketer 2017 年调查结果。

第二,美国网民通过跨境电商海淘的意愿不断上升。根据 eMarketer 调查数据显示,2019 年美国在线买家普及率首次超过 80%。与此同时,CyberSourcer 的调研表明,超过半数的美国电子商户都从国外接受订单,39%的美国消费者从中国购买商品,美国本土商家有 22%的 B2C 订单销往欧洲。[①]

第三,美国跨境电商在创建一种线上线下全运营的新模式。由于线

　① 李蕊:《全球电子商务发展的新趋势及对中国的启示》,《中国发展观察》2017 年第 23 期,第 59—62 页。

上零售业市场的吸引和网络买家较高的接受度,美国线下零售商转至线上后,为开辟市场做出了不断的尝试。以沃尔玛为例,其通过整合传统零售和电子零售的优势,构建以 So(社交)+Lo(本地化)+Mo(移动)+Me(个性化)为起点的全渠道无缝运营模式。①该模式下,So 是指通过社交平台的影响力进行商品推广,Mo 是指线上销售,Me 是作为吸引用户的卖点,Lo 在美国的营销模式中是较有创新元素的部分。美国大型零售商通过建立地理围栏系统,以地区商品的特点和本地消费者的购物意愿为基准划出一个虚拟地理边界。当消费者进入或离开其划定的地区时,手机会通过定位系统给予记录,同时对用户在该区域的活动情况进行自动登记,实现全渠道无缝购物体验。

(二)韩国跨境电商发展现状

韩国是全球生活用品在线交易最频繁的国家。根据 Statista 调查数据显示,韩国电子商务用户普及率为 90.0%,预计到 2023 年将达到94.2%。同时,由于韩国的地理位置和产业结构,国内农产品和生活用品对海外进口的依赖程度较高。这导致了韩国跨境电商近年来一直保持快速增长,已成为其国内经济的重要组成部分。

目前,韩国电子商务市场的完善程度在全球范围内较高,同时由于其国家的特征,其市场呈现以下特点:

第一,韩国的跨境电商市场运行环境优越。韩国电子商务的起步可以追溯到 1996 年其国内 interpark 平台的上线。由于发展时间长、技术水平先进和政府重视等原因,目前韩国的跨境电商营商环境较为良好,其先进的支付系统、快捷的配套物流以及较高的网络水平都为跨境电商的发展奠定了良好的基础。

---

① 李忠东:《美国:电子商务管理经营有方》,《检察风云》2018 年第 23 期,第 18—19 页。

第二,C2C是韩国跨境电商最为流行的模式。1996年,韩国interpark平台的上线标志着韩国网上购物B2C模式的开始。直至2000年,Gmarket从interpark的独立为C2C模式在韩国反超B2C模式奠定了基础。C2C在韩国成为最流行的模式,除了其本身良好的市场运行基础外,网民的参与度也是一个重要的原因。韩国网民在线购物已经不局限于商品的质量和功能。韩国学者Jung-Joo Huang(2017)研究的关于利用海淘消费者的重新利用原因,其研究结果表明,商品的多样性因素对海淘再利用意图引起了影响。国内消费者不是为了购买品质更好的商品,而是为了追求多样性和稀缺性[①]。

第三,韩国政府正在构建亚洲网络市场计划。韩国的亚洲网络计划是利用完善的电子商务基础设施和成熟的商业模式对接海外业务,建立起全球商业网络,从而使韩国能够成为亚洲国家跨境贸易的网络中心[②]。由此举可以看出,韩国已将跨境电商作为未来经济发展的中心、全球经济一体化过程中经济的新增长点。

(三)日本跨境电商发展现状

日本电子商务市场相对于欧美发达国家起步较晚,但发展速度较快。根据2018年日本经济产业省统计显示,2017年日本B2C市场规模约为953亿美元,位居世界第4。但日本国内整体产业规模仍以厂商的B2B模式为主,2017年日本B2B市场规模远超B2C市场规模,约为B2C市场规模的20倍。同时,日本的跨境电商市场存在着语言沟通和沟通模式造成的市场相对封闭、虚拟货币受法律法规等因素制约造成支付方式存在瓶颈等问题。

---

① Huang J. A Study of the Consumer's repurchase[D]. Master's thesis. Seoul University, 2017.

② 朱玥、樊重俊、赵媛:《全球电子商务:发展现状与趋势》,《物流科技》2020年第1期,第85—87页。

但因日本政府近年来对国内跨境电商行业的支持,以及日本产品在全球的知名度,日本的跨境电商有了良好的发展趋势和较大的发展潜力。目前,日本的跨境电商行业特征有:

第一,高度发达的实体制造业支撑着日本跨境电商的发展。日本制造业商品因个性鲜明、品质优良等优点一直深受全球广大消费者青睐。即使外国消费者与日本企业间存在语言沟通难、关税高、物流不便等问题,外国消费者对日本商品的购买欲望依然十分强烈。①

第二,移动购物发展迅速。日本零售业 2017 年通过智能手机的 B2C 市场规模为 3 兆 90 亿日元,较上年增加 4.531 亿日元,增长了17.7%,占零售业总额市场规模 8 兆 6 008 亿日元的 35%,移动端购物发展迅猛。②

第三,日本电子商务平台二手产品行业发达。由于日本国内对跨境电商进口产品的监管较为严格,同时许多产品要加征一道消费税导致了产品进口成本居高,所以二手电商在日本非常流行。mercari 作为日本的二手跨境电商平台是放眼全球少有的二手电商独角兽之一,也是日本目前唯一一家成长为独角兽的移动互联网创业公司。

(四) 俄罗斯跨境电商发展现状

俄罗斯跨境电商发展起步比较晚,发展的制约因素较多,但由于其互联网使用率较高,跨境电商的发展呈现出较大的潜力。俄罗斯的跨境电商起源要追溯到 1998 年其国内 Ozon 网站的成立。Ozon 是俄罗斯电子商务领域的先驱网站,主要是通过模仿亚马逊而不断发展起来的,这也是首批在俄罗斯的 B2C 领域取得成功的在线商店之一。③其间由于受到国

---

① 胡方、高荣璐:《日本跨境电子商务发展的特征、原因及其启示》,《贵州商学院学报》2020 年第 1 期,第 48—55 页。

② 吴佳艳:《日本电子商务市场发展现状、特点与启示》,《商业经济研究》2019 年第 9 期,第 88—91 页。

③ 夏巧慧:《为什么对俄支付难》,《进出口经理人》2014 年第 11 期,第 84—86 页。

内外经济形势和政治因素的影响,直到 2010 年后,俄罗斯的跨境电商发展才趋于稳定,电子商务的市场交易额保持稳定增长,如图 1.2 所示。

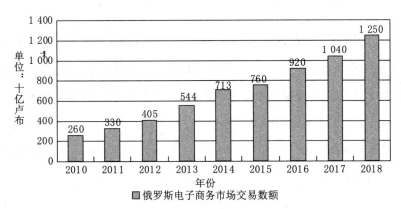

图 1.2　俄罗斯 2010—2018 年电子商务市场交易情况

资料来源:阿里研究院跨境电商报告。

目前,随着俄罗斯各项政策和措施的颁布以及国际政治局势的稳定,俄罗斯的电子商务市场正处于国家主导的集约化发展阶段。虽然有时石油价格的动荡会影响俄罗斯的经济发展,但以发展的眼光看,俄罗斯的跨境电商发展前景依然可期。俄罗斯的跨境电商有以下的鲜明特点:

第一,具备市场发展的基础条件。俄罗斯的网络普及率较高,跨境电商平台数量也正处于上升的趋势,同时由于俄罗斯的轻工业不发达,对轻工业产品有着较高的进口需求。总体而言,俄罗斯跨境电商具备市场发展的基础条件。

第二,市场处于加速发展周期。根据 East-West Digital 调查数据,俄罗斯许多大型在线零售商每年的销售额增长在 50% 至 150% 之间。2018 年,其国内电商市场预计达到 220 亿美元,并在 2023 年可能跃升至 500 亿美元以上。①俄罗斯电子商务正进入一个加速发展的周期,在线零售增

① 维塔利(Solodchenko Vitalii):《俄罗斯跨境电子商务发展研究》,吉林大学硕士学位论文,2019 年提交。

速迅猛,终端移动化程度不断提高。

（五）欧盟跨境电商发展现状

欧盟作为全球最大的经济体,进入 21 世纪以来,其电子商务发展速度飞快,市场迅速扩张。由于欧盟的区域经济一体化水平较高,各国家之间的支付手段、物流模式和监管制度虽然存在差异,但总体对商品流通影响较小。欧盟跨境电商以 B2C 模式为主。2013—2018 年,欧盟 B2C 的电子商务营业额每年以平均 14% 的增长率实现着快速发展。①具体数据信息如图 1.3 所示。

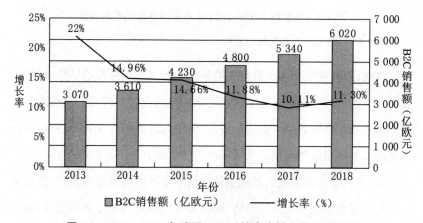

图 1.3　2013—2018 年欧盟 B2C 跨境电商销售额和增长率

资料来源:http://blog.sina.com.cn/s/blog_ed2cbe520102w9ui.html.

欧盟中跨境电商市场较为发达的国家有法国和德国。法国作为欧洲仅次于英国的第二大电子商务市场,市场规模、互联网销售额、移动设备购买量等数据近年来持续增长,反映了涉及越来越多日常用品的互联网

---

① Marchynska Nadiia:《欧盟国家 B2C 电子商务发展水平分析》,浙江大学硕士学位论文,2019 年提交。

购买行为的新趋势。①而德国跨境电商最著名的是火箭互联网公司（Rocket Internet）。该公司的策略是投资抄袭硅谷创业项目的公司,让其迅速在欧洲、南美、亚洲发展,一旦获得市场,就将其卖给被抄袭的硅谷创业公司。尽管这一做法受到硅谷企业的抵制,但不可否认,这种投资模式对于促进电商初期发展具有一定的借鉴意义。

三、全球跨境电商发展的几个重要趋势

结合上述分析和有关文献的结论,目前全球跨境电商发展呈现以下几个重要趋势。

(一)各经济体之间跨境电商发展存在差异,但均表现出规模扩大的趋势

受当地各种因素影响,各国家和地区跨境电商的市场规模、管理水平、发展程度不尽相同。但总体上均表现为市场正在经历大幅增长的过程。如图 1.4 所示,2019 年全球零售电子商务创造 3.453 万亿美元的总销售额,到 2021 年,预计将达到 4.878 万亿美元。

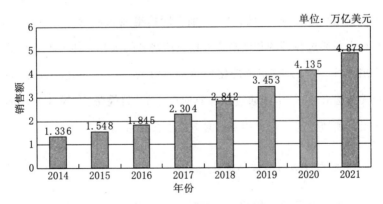

图 1.4　2014—2021 年全球零售电商销售额增长情况

资料来源:https://www.chyxx.com/industry/201907/754873.html.

---

① 夏巧慧:《为什么对俄支付难》,《进出口经理人》2014 年第 11 期,第 84—86 页。

这种大规模的销售额增长以及较大的增幅单靠几个跨境电商主要国家是无法实现的,这是全球各经济体参与其中并不断寻求发展的结果。其原因在于各个国家和地区间互联网的渗透、消费者对海外商品的需求以及各国政府意识到跨境电商对本国经济增长的贡献。

(二)线下零售商和跨境电商融合成为目前的趋势

由于发展初期本地电子商务对线下零售商市场份额的压缩,线下零售业不得不顺应跨境电商发展的趋势,寻求行业的突破。以美国为例,几乎所有的大型零售商均有海外线上销售的市场份额。线下零售商和跨境电商融合成为目前的趋势,预计未来会有更多的线下零售商通过海外电商市场来弥补自己原本失去的市场份额。

(三)各跨境电商平台寻求新的营销模式

在跨境电商大规模发展的情况下,原先的跨境电商平台将面对机会与挑战并存的局面。随着线下零售商也逐步进入跨境电商行业,跨境电商平台将面临更多的竞争压力。目前在跨境电商领域较为发达的国家,各平台不断通过新型的营销模式来吸引消费者的眼光。如美国亚马逊平台推出的 So(社交)+Lo(本地化)+Mo(移动)+Me(个性化)为起点的全渠道无缝运营模式,中国通过明星效应产生的"直播带货"模式及日本为了满足其消费者需求的大型二手海淘线上交易市场等。

(四)电商普遍向移动化推进

全球移动电子设备的技术革新给予跨境电商发展带来了巨大的便利,使其交易向移动化推进。移动互联网不需要额外的基础设施,在欠发达国家普及速度更快。流量价格的下降也推动了移动互联网的普及。GlobalWebTndex 平台于 2018 年 4 月做的一个调查表明,从研究产品到购买产品再到网络支付都越来越依赖移动渠道。54％的受访者在移动设备上购买过产品。eMarketer 平台估计,2017 年全球移动电子商务销售额为 1.357 万亿美元,占所有电子商务销售额的58.9％。[①]2016 年以来,在欧洲和美国,智能手机购买比例几乎翻了一番。随着移动支付的增长,更小的屏幕已经成为电子商务生态的主宰。随着移动支付渗透率持续走高,第三方支付占比越来越大。2018 年,37％的网民使用移动支付,这个指数在 2016 年只有26％。[②]

(五)跨境电商平台制定规则略显强制力不足

目前,全球的跨境电商平台均面临制定规则强制力不足,用户遵从度不高的局面。由于其违法行为会被国家机关实行惩罚,所以具备了平台规定所不具备的强制力,进一步规范了经济活动的行为。但是,跨境电商平台自身所规定的规则无法提供相当于法的强制力,而且其惩罚力度也远远不及法的惩罚力度。

阿里巴巴集团作为我国的跨境电商巨头,目前制定的平台交易规则较国内其他平台最为完善。集团通过市场交易主体和交易内容的不同,开设了有针对性的不同跨境电商平台,如"天猫国际""全球速卖通"以及"阿里巴巴国际站"等。在此基础下,不同平台之间有着不同的知识产权保护规则。虽然这种做法在面对不同的经济交易主体上有利于提高他们的遵从度,但又引发了规则多样化,使交易主体可通过不同平台的混合错配来逃避平台原先的监管。

就目前而言,很多平台也无法达到阿里巴巴集团的管理水平,在知识

---

① 中文互联网数据资讯网:《互联网数据研究》,来源于 http://www.199it.com/archives/tag/globalwebindex,2019 年 5 月 31 日访问。

② 联合国:《2017 年信息经济报告》,来源于 https://blog.csdn.net/cf2suds8x8f0v/article/details/78363793,2019 年 5 月 31 日访问。

产权保护规则上有着无法避免的弊端,这是平台规则强制力较弱的表现。一是当前有大量的山寨品、仿品进入到跨境电商的平台当中,品牌数量众多导致其无法均被解决。二是目前平台对商家知识产权侵权行为的发现只能通过知识产权权利人或买家的投诉,很少能在平台的自我审查中获取信息。三是尽管跨境电商平台有权利对平台上的商品是否涉嫌侵权进行自我审查。但其中的数据之多,工作量之大及涉及大量的专业知识,平台的管理水平较难达到要求,管理成本也无法负担。

因此,由于知识产权本身的特征,目前如阿里巴巴旗下跨境电商平台规则也难以得到有效的实施,从而使规则的强制力受到了损害。

(六)传统的司法管辖暴露出一些问题

由于跨境电商发展的特性,在面对交易中的法律权利问题,传统的司法管辖有些方面未能涉及。

在跨境电商出现之前,司法管辖权是基于空间角度下,由国家和地区的边界进行划分的,所有划分出来的地区均有其自身对应的司法机关,具备明显的区域边界。在区域划分下,知识产权保护也随着司法管辖权的划分而具备边界性。目前的知识产权中,商标权和专利权均在向国家申请后才得以保护,由于国家的存在,商标权和专利权也具备了司法管辖权的边界性。

随着跨境电商的兴起,其自身的虚拟性和国别性在一定程度上模糊了原先知识产权所伴随的司法管辖权的边界性。由于跨境电商依托于网络成立,网络上不受时间和空间的特性赋予了跨境电商交易过程中潜在风险的未知性。也就是说,单双方交易完成时,均无法较为精确地认识到未来可能的纠纷会落在何处的司法管辖权区域范围内和由何处的区域进行司法判定。

（七）缺乏争议解决机制

买卖双方的争议在跨境电商领域也不可避免,但相较于国内电子商务交易,跨境电商在解决这些问题方面有着更大的困难,在货物存在的品质好坏、交易信息的虚假,以及物流的快慢等问题上更加复杂和难以解决。

首先,物流证据难以获取。跨境电商的物流基本依托于国际航运,物流的数据无法像国内物流一样全程跟踪,透明充分。由于国际航运物流过程的未知性,双方争难免产生争议。其次,退回成本太高。当争议产生后,往往一笔跨境电商交易会有两个以上的国家涉及,其中有买卖双方所在地、物流公司实在地、网络服务器所在地以及运输过程中存放所在地等问题,退回的成本明显过高。同时,诉讼难以明晰其司法管辖权,这将导致高昂的跨国诉讼费。同时,目前没有统一的、有效的争议解决机制,跨境电商的消费者在交易中难免缺乏信心。

（八）发达国家与发展中国家的利益诉求不同

事实上,关于电子商务和跨境电商的讨论与提案已经有很多,加上国际范围内的实践经验,已经为 WTO 制定跨境电商新的多边贸易规则奠定了很好的基础,针对新规则的建议也是层出不穷。不同研究也提出了很多理想化地解决现有规则空白的方案,但在实际操作中,规则的出台却长时间停滞不前,这主要是因为多边贸易规则的达成需要协调各方的利益。在 WTO 成员中,发达国家、发展中国家、最不发达国家和地区的诉求各不相同,要协调这些利益冲突以达成一致的协定,是一个漫长而艰难的过程。

发达国家无论是在电子商务的技术和产业发展上都占领了先机,同时它们还积极参与跨境电商国际贸易规则的制定。以美国为代表的发达国家希望借助国际贸易规则的建立,扫除电子商务在全球范围内迅速发展的障碍,构建一个没有任何歧视、没有关税和规章制度阻碍的通道,使得电子商务可以由此顺利地进入其他国家的市场。然而对于许多发展中国家来说,启动电子商务谈判已经超出了1998年的授权范围,他们还担心数字鸿沟会阻碍他们充分参与电子商务活动,特别是跨境电商。国际电信联盟2017年的信息和通信技术事实和数据清楚地说明了全球数字鸿沟的现状。研究表明,发达国家每100位居民的移动宽带用户数是发展中国家的两倍,是最不发达国家的四倍。另外在互联网用户的性别差异以及固定宽带用户的比率上,发达国家与发展中国家之间都存在很大的差距。[①]

发达国家希望实现跨境电商的自由化,而发展中国家和不发达国家关注缩小数据鸿沟的问题,两个问题都需要双方同时做出努力,实现利益的协调。发展中国家寻求其他国家市场对他们的教育、资格、满足的要求、颁发的许可证或证书的认可,以降低其进入跨境电商市场的难度,要实现这一目标,可能要在一定程度上开放其国内市场,不同国家之间均需要做出相当程度的妥协。

(九)针对跨境电商,各国都不断探索制定新的法律规范

各国针对跨境电商的快速发展,均为了使跨境电商市场发展得以规范,产业权益方面有所保障而不断探索、制定和补充新的法律法规。国际关于跨境电商典型的法律法规的出台,具体如表1.1所示。

[①]　李勇坚:《全球零售电子商务发展现状、格局变化及未来趋势》,《全球化》2020年第2期,第85—98、136页。

表 1.1 国际关于跨境电商典型的法律法规的出台

各国促进跨境电商发展的政策	美国	1993 年实施了"信息高速公路"计划、1996 年为跨境电商发展,开辟国际贸易自由区和免税区
	日本	研究成立信息技术推进战略本部,该部门旨在制定促进电子商务发展的 IT 计划
	英国	出台了《电子通信法案》草案和《电子商务条例》,旨在规范交易主体
	韩国	颁布了电子商务基本法,对关税、税收等问题做出相应规定
	欧盟	制定的《单一数字市场战略规划》,为跨境电商发展提供基础环境
各国在跨境电商权益保护方面	美国	《互联网税收不歧视法案》《网络安全法案》
	加拿大	《反网络诈骗法》
	欧盟	《电子商务指令》
	英国	《电子商务条例》

我国面对跨境电商的发展形势,也针对性地出台了相关的法律规范。2016 年,我国颁布了《中华人民共和国电子商务法(草案)》,于 2018 年全国人大常委会通过,2019 年 1 月 1 日起正式施行。这部法律的正式实施标志着我国第一部综合性的电商法律的成立。这部法律对跨境电商中的信息保护、税收、检疫、知识产权等方面进行了规定,是我国跨境电商制度法规完善的重要标志。尽管如此,由于法律制度的局限性以及跨境电商发展的快速性,该部法律制度依然难以适应现有跨境电商的发展需求。同时,除了该部法律外,现有法律制度多以部门规范、通知等方式公布,其权威性相对较弱,并未形成统一的法律监管体系,我国跨境电商法规仍需完善。

跨境电商的快速发展带来了当前法律无法解决的问题,一方面各国需要加快相关立法来完善各国的法律制度,另一方面也要加强合作,尽快达成共同标准来避免多重不监管的情形。

第五节　我国跨境电商发展现状

跨境电商作为近年来在我国发展极为迅速的业态,其发展速度与市场规模十分可观。我国近年来对于跨境电商的关注度也不断提升,大量消费者选择跨境电商平台进行消费交易,依托跨境电商发展的企业数量也不断增加,整个跨境电商行业的未来前景十分广阔。目前,我国跨境电商的发展呈现出以下特点。

一、规模和速度不断提升

根据商务部数据显示,2019 年我国跨境电商零售进出口额达到 1 862.1 亿元人民币,年均增速 49.5%。

跨境电商近年来发展速度不断加快,发展层次不断提升。目前,我国跨境电商发展阶段经历了三个层次的变化。1999 年至 2003 年,是以信息、黄页、产品展示为重点的跨境电商 1.0 时代;2004 年至 2012 年,是重点围绕在线交易、供应链、服务一体化,并以信息展示、物流、支付、客户关系管理于一体等为特征的跨境电商 2.0 时代;从 2013 年至今,我国的跨境电商进一步发展变化,形成大平台、大订单、移动化的发展动向与注重平台服务升级、转向移动跨境电商的发展特征,形成我国跨境电商发展的 3.0 时代。①发展阶段变化的背后,是我国跨境电商整体发展水平与发展速度的不断提升。

二、行业政策利好不断加大

自 2015 年起,国务院分多批次在全国各地设立跨境电商综合试验

---

① 冯萌:《中日跨境电商的发展现状及对策研究》,安徽大学硕士学位论文,2019 年提交。

区。2020 年,我国在已设立 59 个跨境电商综合试验区的基础上,再新设 46 个跨境电商综合试验区,此举措进一步推动我国外贸转型升级。

零售进口商品清单范围的动态调整与逐步扩大,不断反映并追随着消费需求的增长。2018 年 11 月 20 日,国务院多部委联合发布《关于调整跨境电商零售进口商品清单的公告》,此次调整,一是将部分近年来消费需求比较旺盛的商品纳入清单商品范围,二是根据税则税目调整情况,对前两批清单进行了技术性调整和更新。调整后的清单共 1 321 个税目。清单范围的调整,反映出国家促进跨境电商发展的政策导向与规范贸易秩序的管理理念。①

税收优惠额度的上调,即跨境电商的交易限值的上调,同样为跨境电商交易与消费注入强大动能。对于个人免税购物空间的适度扩大与总体额度的合理上调,显示出国家对于跨境电商消费的鼓励性与规范性的政策之间的平衡。

除此之外,对于跨境电商监管新政、税收新政的相继出台与实施,都显示出我国跨境电商所获的政策利好将不断增加。面对发展迅速的跨境电商,政策的制定不断跟随其发展动向而调整、完善,以适应现实需要。因此,跨境电商的发展正处于政策红利期。

三、市场需求不断增长与交易模式不断多样化

(一)市场需求角度

我国跨境电商境内外市场需求强劲。我国跨境电商的市场需求,可以分为我国对国际相关产品的需求与国际对于我国产品的跨境电商需求,即从双向来看,我国跨境电商的境内外市场需求量都十分庞大。

---

① 《关于调整跨境电商零售进口商品清单的公告》,国家税务总局〔2018〕157 号,2018 年 11 月 20 日。

对于我国国内的消费需求而言,跨境电商为满足我国海量的消费需求提供了一个窗口。通过跨境电商这一模式,我国国内的消费需求在一定程度上得到了满足。对于国外的消费需求而言,我国跨境电商的发展使得中国制造进一步走向世界,赋予中国产品更多发展的空间。

国内消费者对于跨境电商的消费需求,集中体现在洗化、美容彩妆与营养保健商品等领域,近年来,消费者对于食品、服饰、运动、数码、汽车等领域的消费需求也在不断扩大,即我国跨境电商消费的需求具有多元化发展的特征。

据 iiMedia Research 数据显示,2018 年,中国"海淘"用户数量超过 1 亿人且有不断扩大的趋势,用户"海淘"月均花费千元以上的占比 48%,每周购买一次的中国海淘用户比例为 19.1%,每月购买一次的海淘用户比例占 41.0%。由此可见,我国对于跨境电商的消费需求强劲。[①]

国外消费需求在品类分布上,也呈现出多元发展的特征。在我国2018 年跨境电商出口中,不同类别产品及对应市场份额如下:3C 电子产品 18.5%、服装服饰 12.4%、家居园艺 8.5%、户外用品 6.5%、健康美容 5.2%、鞋帽箱包 4.7%、母婴玩具 3.5%、汽车配件 3.2%、灯光照明 2.3%、安全监控 1.7%、其他 35.2%。[②]

(二)交易模式角度

目前我国跨境电商主流交易模式为 B2B,出口占据主要地位。据《2018 年度中国跨境电商市场数据监测报告》显示,在跨境电商交易模式结构上,2018 年中国跨境电商 B2B 交易占比达 83.2%,B2C 交易占比

---

① 艾媒新零售产业研究中心:《2018 年中国零售行业深度市场调查及投资决策报告》,来源于 https://www.iimedia.cn/c400/63227.html,2020 年 3 月 21 日访问。
② 雨果网:《2018 年中国跨境电商交易规模达 9 万亿元》,来源于 https://www.cifnews.com/article/45228,2019-06-06,2020 年 2 月 15 日访问。

16.8%。可见,B2B跨境电商交易模式仍是当前的主流交易模式。在进出口结构上,2018年中国跨境电商出口占比达78.9%,进口比例21.1%,可见跨境电商出口依然占据主导地位,我国国内品牌出海已成为近年来我国跨境电商企业发展的热门选择。

与进口相比,跨境电商出口交易虽仍占据着较大部分比例,但是近年来,跨境电商出口占比却在不断下降,从2013年的85.7%下降至2018年的77%,而跨境电商的进口所占比例却在不断上升,从2013年的14.3%上升至2018年的23%。

类似的,从交易模式的角度来看,近年来持续占据领先地位的B2B模式所占市场份额也呈不断下降的趋势,从2013年的94.8%下降至2018年的84.6%;而B2C的市场份额却在不断扩大,B2C模式的市场份额占比从2013年的5.2%上升至2018年的15.4%,有相当程度的增长。

因此,B2B的强势发展并不影响B2C等其他交易模式有序地稳步发展,对于占比较大的跨境电商出口而言,跨境电商为我国经济进一步迈向国际化与我国供应链在全球范围内的扩展以及我国深化高水平对外开放格局等都起到了推动作用。

四、行业分工规范化、品质化、互动化

(一)行业分工角度

跨境电商产业链上下游企业多样性凸显。跨境电商的商品生产、物流运输、销售、支付、售后服务这一循环中的各个位置,都涌现出一批专业化的运营企业,显现出跨境电商行业分工的不断细化。①目前,可以将我国从事跨境电商的企业大致分为以下几类:

———————————

① 艾媒新零售产业研究中心:《2019—2020年中国跨境电商市场年度盘点及标杆企业运行监测报告》,来源于 https://www.iimedia.cn/c400/67760.html,2020年2月4日访问。

（1）生产商。作为跨境电商交易链条的上游供应方，主要由品牌方与零售商两大类构成。品牌方一般具有国际知名度与影响力，如兰蔻、蔻驰、花王等国际品牌进入我国市场，我国一些知名品牌如格力、海尔、华为等也以品牌方的身份走向跨境电商的出口交易；而零售商则主要包含沃尔玛、乐天、麦德龙等跨国大型零售企业与我国一些本土的零售企业，其往往基于自身线下已有的布局转战线上销售，拓展更大的经营与发展空间，寻求企业的进一步转型。

（2）跨境零售电商，可以主要分为两类：综合平台与独立平台。综合平台包括天猫国际、京东全球购、苏宁国际等以跨境电商作为其业务重要组成部分的实力较强的平台企业；而独立平台则主要包含小红书、洋码头、奥买家等专营跨境电商业务的平台企业。

（3）物流配套。与我国跨境电商物流相关的运营企业可以主要分为以下三类：国际物流、国内物流、海外直邮。国际物流企业包括中国外运股份有限公司、海外通、4PX等，国内物流主要包括申通、韵达、中通、百世快递等，从事海外直邮的企业主要包括顺丰速递与中国邮政等。

（4）支付与仓储。跨境支付主要有银联、腾讯（微信）、阿里巴巴（支付宝）等，企业跨境电商保税仓储企业主要有威时沛运、怡亚通等。

（二）规范化发展角度

跨境电商行业发展不断规范化。以《中华人民共和国电子商务法（草案）》为首的各项法律、管理政策与行业自治规范在保障消费者合法权益的基础上，主张规范经营者责任、健全管理制度并推动国际合作，这一系列措施有利于避免跨境电商行业发展无章可循的情况，并减少恶性竞争，规范行业发展秩序，助力跨境电商的健康持续发展。

（1）国家对于跨境电商行业可持续发展的重视度不断提高，相关的政策法规也陆续出台。政府部门从规定消费者购物额度到调整商品正面清单,以及从税收、监管、司法等多角度入手,对跨境电商的发展与规划提供了政策引导。

(2)跨境电商相关行业协会与企业自身不断深化对于规范发展的有关认识。由众多企业组成的跨境电商行业协会广泛分布于我国境内,其主要作用就是对行业内、地区内相关跨境电商企业的规范发展提出建议、进行监督与指导。不仅如此,一些规模较大、注重自身建设的企业,往往也会为了规范化发展而制定该企业自身的发展规范与要求。行业与企业作为社会主体,也对推动跨境电商的规范化发展做出了大量的贡献。

(三)品质化发展角度

(1)跨境电商的品质化要求凸显。跨境电商消费者的消费需求近年来不断升级,用户往往对于商品的品质要求严格。提升商品质量、保障商品品质已经成为跨境电商交易的重点所在。根据 iiMedia Research 报告数据显示,跨境电商消费者最为关注海外商品质量的性价比问题,即消费者对于消费正品的相关需求不断加大。跨境电商近年来受到"海淘"用户追捧的一个重要原因,便是相比于国内商品质量有时难以把控的不利状况,消费者通过跨境电商所得的消费结果与之形成了鲜明对比,国外相关品牌的商品质量本身与跨境电商交易对于商品品质的较小影响使得我国消费者对于消费品质的不断追求与消费需求的不断提升得到了较为充分的满足。

(2)跨境电商的商品生产企业与相关交易平台的建设与发展,也具有品质化需求。对于跨境电商的商品生产企业而言,品质化建设首先便是品牌效应的建立与扩展。目前我国的跨境电商商品生产企业为数众多,但具有国际知名度与影响力的品牌数量依然较少,这使得我国跨境电商生产企业通过销售所获的利润空间受限,且在国际商品竞争中,品牌建设这一相对短板,正成为阻碍我国商品生产企业提高国际竞争能力的一大障碍。

（3）跨境电商交易平台同样需要提升其品质化程度。跨境电商平台品质化程度的高低，将直接影响其对于消费者与商品生产企业的参与吸引力。高品质的跨境电商交易平台，将聚集一批拥有高消费能力与高消费需求的较为优质的消费者群体，同样也会吸引具有国际影响力的商品及品牌入驻。从目前国内几大电商交易平台的发展来看，阿里、京东等均采用品牌战略，不断加大自身的品牌相对优势，并以此作为所占扩大市场份额的一种有效手段。

（4）跨境电商的整体环境更需要品质化维护。面对跨境电商多主体共存的品质化需求，促进跨境电商进一步良性可持续发展的重中之重，就是对于规范秩序的建立。跨境电商平台、从业企业、行业协会、国家监管等多主体正联合发力，对于商品品质认定与维护、侵权商品的查处与追责、国家信用体系建设在跨境电商领域的引入与对接、相关规则的建构与完善等开展联动，不断净化市场与发展空间，维护正常有序的合理运行秩序，并在兼顾企业与平台的合理需求的情况下，着重保护消费者的合法权益。

（四）社交与互动化发展角度

跨境电商的社交化、互动化发展不断加快。针对目前十分热门的直播带货模式，跨境电商与直播带货模式的融合，是以互动方式促进跨境电商交易规模提升的有效办法。通过社交软件的影响力带动跨境电商交易，是营销手段对于跨境电商发展所带来的转变。

以小红书等为代表的平台线上分享形式，即跨境电商的社交性，也不断成为跨境电商交易的新增长点。以消费者自主分享，并带动其他消费者进行交易的形式，不仅扩大了跨境电商的交易规模，还赋予了跨境电商社交性的新特征，拓展了跨境电商的辐射深度与广度。

五、发展依托于技术进步与国际协作

（一）发展依托于技术进步

大数据、云计算、人工智能等高新技术与跨境电商发展不断融合。依托于飞速发展的互联网科技,我国的跨境电商对于技术进步的要求不断提升。跨境电商用户需求画像、用户喜好定向推荐、后台交易结果统计、售后与客服沟通、国家的宏观监控管理等均依托于大数据、云计算等先进技术的发展,我国跨境电商作为科技时代发展的产物,技术的飞跃将成为推动跨境电商发展的主引擎。

（1）跨境电商平台的自身建设,与科技的运用密不可分。阿里巴巴的全球速卖通便依托于阿里强大的云计算功能,从网络、信息、设备、资金等多角度完善平台的运营与管理,并布局物流、支付、买卖双方交流等多个环节,使得全球速卖通作为我国的跨境电商平台在全球也占得较大的市场份额。①

（2）跨境电商与科技的结合,加强了国家对于跨境电商的宏观把握与调控。以2019年"双十一购物节"海关管理情况为例,根据海关总署的统计,全国各海关验放的跨境进口商品超过3 500万单,强大有效的信息处理、分析结果与快速通关的背后,是海关对于国家重点信息化工程——金关二期的投入与使用。②金关二期系统对于优化跨境电商保税账册管理以及进口申报起到了极大的便利作用。

（3）先进技术应用进一步完善了跨境电商上下游相关产业的配套完善。区块链技术对于跨境电商的物流运作效率、信息安全与物流成本控

---

① 全球速卖通:《阿里巴巴全球速卖通在线交易平台介绍》,来源于 http://hz.aliexpress.com/seller/promotion/subject/a_recruit/index.html,2020年2月15日访问。

② 中国(福建)自由贸易试验区:《平潭海关成功备案金关二期跨境电商网购保税进口账册》,来源于 http://www.china-fjftz.gov.cn/article/index/aid/13877.html,2020年1月8日访问。

制都将起到积极影响。大数据对于跨境电商的企业营销即宣传推广手段也带来了变革,通过大量分析用户数据,建立消费者模型,并基于此开展针对性营销,企业能够做到精准定位,大大提升交易率。互联网金融通过创新供应链金融模式、完善跨境支付体系等举措,推动了跨境电商支付手段的创新。

(二) 发展依托于国际协作

跨境电商国际化协作进一步深化。跨境电商本身具有的"跨境"属性使得国际化协作的重要性不言自明。国际协作与沟通是顺畅跨境电商交易过程的重要一环,我国政府在产品溯源、流程管控、风险分析、政策制定等多领域既已开展国际沟通与协作,并积极参与国际规则的构建。我国跨境电商企业发展国际化步伐也不断加快,跨境电商企业通过国际收购与合作等形式不断扩展我国跨境电商的辐射范围,将我国跨境电商不断推向世界舞台。

(1) 政府层面的国际协作。跨境电商所具有的多边特征,使得国际规则的建构与协调极大地影响着我国跨境电商的发展。我国政府从国家治理层面不断寻求与国际规则的对接与融合。相关法律的订立与适用,对于企业的管理手段,现有管理制度的修正等,都在我国跨境电商自身发展利益的基础之上,广泛借鉴、吸收并积极向国际规则进行靠拢。除了对标国际先进水准,我国还积极参与跨境电商国际标准的探讨与制定,为我国跨境电商不断争取发展利益与发展机会,并进一步深化我国国际影响力建设。

(2) 企业层面的国际协作。跨境电商从业企业与交易平台也同样在积极开拓国际领域发展空间。跨境电商从业企业对于海外消费市场的开拓与跨境交易平台不断与国际品牌、国际服务供应商进行对接的发展趋势,体现出跨境电商相关企业的国际化步伐不断加快,国际融入程度不断加深。

国家与企业在跨境电商国际化道路上的前进步伐,持续在推动我国跨境电商产业整体的国际化水平提高,使得中国作为跨境电商大国的国际地位得到有力的体现,并为我国成为具有全球影响力的跨境电商强国建设不断打下坚实的基础。

（三）致力于全渠道覆盖与融合

跨境电商对于传统贸易模式的融合与借鉴进一步加强。跨境电商作为新兴贸易业态,对传统贸易模式进行了颠覆性的变革,但是,跨境电商也同样在吸收、借鉴传统贸易模式中有利于进一步发展的有益因素。

天猫、网易考拉等电商平台加紧布局跨境电商线下体验,打通全渠道模式发展路径。布局线下在某种程度上就是对原有传统贸易模式的借鉴,消费者对于跨境电商的品质消费不应仅仅停留在网络这个虚拟空间上,更需要线下实体所带来的体验式服务。跨境电商瞄准高消费群体,加紧线上、线下的双线布局,使得跨境电商企业获得差异化竞争力,同样也是对传统贸易模式移动程度上的再次应用与完善。

六、相关配套尚待完善

尽管政府、企业等多元主体已经关注到跨境电商发展的重要性,但由于跨境电商自身产生较晚且发展极快,我国的相关配套建设还亟须进一步加强。

规则体系、人才培养、制度研究等目前都具有极大的改进与发展空间。①跨境电商作为一个新兴行业,其持续的发展就一定需要大量优秀后备人才的不断供给,但是目前针对跨境电商进行专项人才培养的高校较

① 高翔:《对标世界海关组织标准的跨境电子商务人才培养研究》,《海关与经贸研究》2020年第3期,第21—31页。

少,大多数商务课程所教授的内容也与跨境电商实操距离较远。相关制度的缺失,也是目前我国跨境电商发展中有所欠缺之处,例如,对于跨境电商的知识产权认定与保护,没有国际性的约定或规则,这便对知识产权的实际保护与侵权行为的惩戒设置了障碍。除上述内容外,物流、支付、管理等多方面也均需修正,跨境电商相关配套的完善,仍需要自身的努力与国际性合作。

七、突发事件推动逆势增长

2020 年初,我国暴发了新型冠状病毒肺炎疫情。在这一突发事件下,跨境电商成为我国对外经济发展的强大动力。据海关总署统计显示,2020 年第一季度,在我国进出口货物贸易规模有所下降之时,通过海关跨境电商管理平台进出口的增长幅度高达 34.7%,我国外贸发展的重要动力在一定程度上转换为跨境电商的不断发展,跨境电商将推动我国外向型经济发展勇渡难关。

跨境电商在突发事件中的逆势增长,是多因素所形成的共同结果。面对国外非必需品消费需求断崖式下跌,大量跨境电商企业往往针对市场需求变化,做出转型,以销售防疫物资等代替原有业务、以直播带货等营销方式带动消费,等等。在面临极大生存压力的背景之下,跨境电商在相关政策扶持的辅助下,通过转变自身发展模式,成为疫情之下我国对外贸易一个逆势而上的强大增长点。

第二章

跨境电商便利化比较研究

进口低价值商品的数量不断增加,使跨境电商在推动便利化方面面临着不少挑战。其中,一个关键问题在于缺乏标准化程序。标准化与协调化程序可为电商及相关利益主体提供便利贸易,而无需虑及海关监管、税款征收及其他风险。同样重要的是,个人(买方)必须知道现行的规章制度,以便他们能够遵守这些规则与条例并支付相应关税或其他税。有时,由于进/出口国家的规章制度在电子环境下不易获取,导致偶然买/卖家并不了解这些信息,这样会造成效率低下,并会阻碍跨境电商交易,进而使促进跨境电商增长的潜力未能得到充分挖掘与利用。可见,日益增长的跨境电商贸易流动离不开贸易便利化的支持。促进贸易便利化需要许多基础性要素的支撑,例如必要的数据获取技能、更好的风险评估及运用信息与通信技术处理大量低价值货运的能力。本章通过对国际组织、国外跨境电商发达国家目前便利化措施的介绍,结合我国目前便利化措施的发展现状,试为我国跨境电商便利化发展提出经验及启示。

第一节 跨境电商与贸易便利化的关系

一、跨境电商对贸易便利化的影响

作为互联网与贸易结合的产物,跨境电商为贸易便利化的发展开拓了新的领域。跨境电商领域急速增长的贸易量为全球经济发展提供了强劲的动力,这种全新的贸易模式引领了新的消费趋势,增加了更多的就业机会。依托于互联网平台,跨境电商颠覆了传统的市场营销模式,极大地提高了贸易效率，为企业和消费者提供了更广泛的选择。同时，由于准入门槛较低，跨境电商为中小微企业打开了面向全球市场的大门。

跨境电商的发展壮大对各国海关监管能力提出了更高的要求，促使各国海关为实现贸易便利化进行调整改善。跨境电商的迅猛发展，使得贸易数量激增，为海关监管带来巨大的挑战，这就需要海关部门提高监管水平，创新监管方式，调整监管政策，以优化通关流程为宗旨，精简审批事项，规范审批行为，减少通关时间，从而有力地支持跨境电商的发展；采用法律手段进行统一管理，制定相应的国际标准，做到有法可依，有章可循，保证在跨境电商贸易中出现的问题都能得到及时有效的解决。

跨境电商促进贸易便利化基础设施的建设与发展。传统外贸大多数属于B2B模式，这种大批量进出口货物的贸易模式已经不能满足跨境电商的交易需求，作为新型贸易模式，跨境电商的发展，必然要求配套与其相适应的基础设施。跨境电商更多的是2C业务，个人消费成为主要方面，供货方不仅可以是企业，也可以是个人，这种B2C或C2C业务多为零售，特点是多数量、小批次，因此，跨境电商就要求各国完善道路设施、改善电子支付方式、提高物流配送能力，提升贸易便利化基础设施的建设。

二、贸易便利化背景下跨境电商的新发展

贸易便利化对于跨境电商过关程序的简化及发展规模的扩大有着积极的作用，减少了跨境电商发展道路中的阻碍，为跨境电商的发展开辟了新的局面。贸易便利化的推进，使得海关简化通关检验手续，提高通关效率。单一窗口制度的构建使得各部门之间可以快速共享信息，避免了办理手续所增加的时间成本，提高了货物的流通的速度，为跨境电商便利化提供了良好的基础。贸易便利化的规则对跨境电商的发展起到了积极的推动作用。良好的规则制度环境，能够为跨境电商提供适宜的成长空间。贸易便利化规则的目的，就是为国际贸易提供一个协调透明的环境，吸引

更多的企业开辟跨境电商业务板块,从而扩大跨境电商的规模,提高发展速度。所以,贸易便利化规则对跨境电商的发展起着至关重要的作用。

综合看来,跨境电商和贸易便利化两者是相互促进、共同发展的。贸易便利化为跨境电商的发展提供了便利基础,海关通关程序的简化以及各种贸易便利化规则的制订,降低了跨境电商企业的运营成本,对跨境电商的发展起到了推动作用;而跨境电商规模的扩大,也进一步对海关和贸易便利化基础设施提出了更高的要求,促进了贸易便利化的发展。①

第二节　国际贸易便利化措施实践

一、国际组织贸易便利化相关规则

（一）世界贸易组织（WTO）《贸易便利化协定》

《贸易便利化协定》的发展经历了漫长的过程。早在《1994 年关税及贸易总协定》中,就首次指出国际贸易程序过于复杂,需要简化国际贸易手续。1996 年 12 月,在新加坡举行的世界贸易组织(以下简称世贸组织或 WTO)部长级会议中,世贸组织成员开始讨论贸易便利化问题,并同意就简化贸易程序展开交流。2004 年 7 月,世贸组织成员正式同意就贸易便利化问题展开谈判,并于当年 10 月成立了贸易便利化谈判小组。经过一系列的探讨和分析,谈判小组修订了由世贸组织成员提出的一百多项建议。2013 年 12 月,在世贸组织巴厘岛部长级会议上,《贸易便利化协定》(以下简称《协定》)正式通过。2017 年 2 月 22 日,《协定》正式生效。截至 2020 年 5 月 6 日,已有 151 个世贸组织成员加入了该《协定》。此《协定》的生效,将使得跨境贸易更加便捷,贸易环境更加透明。

---

① 石林:《跨境电商贸易便利化相关规则研究》,郑州大学硕士学位论文,2018 年提交。

《协定》包括三个部分,24 个条款。其中,第一部分为第 1—12 条,规定了协定成员在贸易便利化方面的实质性义务,包括信息公布、预裁定、货物放行与结关及海关合作等内容,共 40 项贸易便利化措施。第二部分为第 13—22 条,规定了发展中国家和最不发达国家类型成员可享受到的特殊及差别待遇,包括更具弹性的实施时间表及协助有关成员提升实施《协定》的能力两个方面。第三部分为第 23—24 条,涉及机构设置以及最后条款,规定统一各个成员与 WTO 贸易便利化委员会的协调及国内实施机制,并规定了《协定》争端解决机制等内容。

1. 贸易法规透明度相关条款(第 1—5 条)①

(1) 贸易相关信息的公布和可获得性(第 1 条)。《协定》规定成员应以非歧视和易获取的方式迅速公布进出口程序及表格和单证、关税和税率、进出口规费和费用、归类或估价规定、原产地规则有关的法律法规及行政裁决等信息。通过互联网公布进出口程序的说明、所需的表格和单证,设立咨询点为贸易商提供咨询服务等。

明确、详细和及时地获取贸易信息可以减少企业风险,提高企业对贸易条件的判断能力,这对于中小企业更具意义。在进出口贸易中,相对于大企业而言,中小企业往往会因为人力、资金及信息获取等方面的不足,处于商业贸易的劣势。提高法律法规信息透明度有助于中小企业更容易获得相关信息,获得更公平的竞争环境。

(2) 贸易法规的提前公布与评论(第 2 条)。《协定》规定成员在法律法规制定与颁布前应给予贸易商评论机会(除关税税率变更或提前公布可能会影响实施效力的措施),边境海关等机构应与贸易商定期进行磋商。

---

① 商务部新闻办公室:《商务部世贸司负责人解读〈贸易便利化协定〉条款》,来源于 http://www.gov.cn/zhengce/2017-03/09/content_5175592.htm♯1,2019 年 10 月 12 日访问。

提前公布新制定或修订的贸易法规,使贸易商能够提前知晓,有利于贸易商及时对其贸易行为和策略作出必要调整,进而降低因贸易法规调整所造成的不利影响,也提高了贸易法规的可预见性和透明度。在制定或修订新贸易法规过程中,边境海关等机构通过定期与贸易商进行磋商,积极听取贸易商的意见或要求,有助于更好地制定和执行有关贸易法规,更好地反映企业关注。

(3)预裁定(第3条)。《协定》规定成员应在货物进口前就税则归类及原产地事项作出预裁定,鼓励成员就完税价格、关税减免要求的适用、配额适用等作出预裁定。

预裁定制度是指将通关审核关口"前推",海关在货物进出口前就可根据企业提交的材料对货物的类别和原产地等事项作出预评估。在货物到达后,海关只需进行简单核对即可,从而减少企业通关时间,提高通关效率。

(4)申诉或审查程序(第4条)。《协定》规定贸易商有权就海关行政决定提出行政申诉或司法审查要求。如申诉或审查程序未能在成员法律或法规规定的期限内作出或出现不适当拖延,贸易商有权向有关行政机关或司法机关进一步上诉或提出审查要求。

据了解,目前我国企业较少使用进口国的申诉或司法审查机制,更多的是采取"找关系"的传统做法来解决问题。在《协定》实施后,当我国出口货物如在国外遭遇不合理对待时,我国企业可以通过法律手段维护自身的合法权益。

(5)增强公正性、公平性及透明度的其他措施(第5条)。包括加强对成员发布加严进口食品安全检查通知的纪律,海关或其他主管机关扣留货物时应立即通知承运商或进口商,如首次检验不合格应给予进口商二次检验机会等。

由于成员对进口食品、农产品普遍采取了严格而繁琐的检验检疫程序,且检验项目多、检验频率高,大大增加了通关时间及检验、仓储等通关成本,进而导致进口农产品及食品的竞争力减弱。《协定》通过加强相关纪律建设,如要求进口国加强检查需以风险评估为依据,仅适用于特定入境地点,且在情形变化或风险不复存在后应以采用对贸易具有较小限制作用的方式或迅速终止等措施。在首次检验不合格的情况下,经申请,贸易商可获得二次检验的机会,有利于贸易商维护自身合法权益。

2. 进出口规费和手续相关条款(第 6 条)

(1)关于对进出口收费的一般纪律。《协定》规定,除了关税和国内税外,成员对进出口征收的规费和其他费用的有关信息应及时予以公布,并在公布日期与生效日期之间留出缓冲期,以应对收费进行的定期审议,减少收费的数量和种类。对办理海关业务所收取的费用应限定在所提供服务的近似成本内。

上述规定有助于贸易商及时了解进出口收费的种类、数量、支付时间和方式等内容,更好地进行贸易规划。同时,《协定》还要求对办理海关业务所收取的费用应限定在所提供服务的近似成本内,避免海关乱收费现象,有助于企业进一步降低贸易成本。

(2)关于处罚纪律。《协定》要求成员海关作出的处罚应与违法程度及严重性相符,处罚的认定和罚金收取方面应避免产生利益关系或形成一种对海关官员的激励。海关在作出处罚时,应向被处罚人提供书面说明,明晰违法性质和所使用的法律、法规或程序。如被处罚人在海关发现前主动披露其违法情节,《协定》则鼓励海关从轻处罚。

上述内容将有助于增强海关处罚行为的规范化和透明度,维护贸易商的合法权益。《协定》关于鼓励海关减轻处罚的内容,也有助推动贸易商诚信守法。

3. 货物的放行与清关(第 7 条)

《协定》规定成员应允许进口商在货物抵达前办理舱单等进口单证提

交业务,从而减少货物在抵达后的清关时间。如货物的关税、费用等暂时无法确定,在有贸易商提供担保的前提下,海关可予以先放行。成员应采用风险管理及货物稽查等管理措施。鼓励成员及时公布平均放行时间。可对经认证的经营者(满足特定标准,良好守法记录、良好的内部控制记录管理系统和财务偿付能力的贸易商)给予通关便利,如降低单证和数据要求、降低查验比例、加快放行等。对通过航空运输入境的快运货物在满足一定条件的情况下(如货物抵达前已提交放行所需信息、快运企业通过使用内部安保和追踪技术对货物保持高度控制、拥有良好守法记录等),给予通关便利,包括减少进口单证要求、尽快放行以及对于微量货值的货物免征关税和国内税等。对于易腐货物(主要为鲜活农产品)予以优先查验,并在最短时间内放行。

从贸易商的角度看,货到前申报、货物放行、就关税、收费及费用作出决定、费用支付等环节分离(凭保放行),均为海关优化通关服务的重要体现,有助于提高货物抵达后的清关和放行速度,降低贸易商的贸易成本,缩短交货时间。

对海关等口岸管理部门而言,通过实施风险管理和后续稽查,实现监管环节“前推后移”,有助于提高实际监管效率。

4. 进出口手续(第10条)

相关内容包括减少和简化进出口手续和单证要求、接受进出口证明单证副本、鼓励成员在制定进出口手续和单证时以国际标准为依据、努力设立单一窗口(一点提交和一点反馈)、取消与税则归类和估价有关的装运前检验、不得强制要求适用海关代理等。

繁杂的通关文件要求必然导致通关时间的延长和企业贸易成本的增加,简化进出口手续和单证要求,有助于减少货物的滞留时间,降低交易成本,增加商业机会。单一窗口的建立,将有效提高口岸监管部门之间的协作程度,也将极大便利企业,减少通关时间。

5. 过境自由(第 11 条)

《协定》规定成员过境运输法规或程序不得构成变相限制,不得寻求任何自愿限制,过境费用应与所提供服务的成本相当,手续和单证要求不得超过必要限度,不得对过境货物适用技术法规和合格评定程序等。

6. 海关合作(第 12 条)

《协定》主要规定了各 WTO 成员海关应就交换海关申报信息开展合作,以便申报信息的核实。信息交换的内容包括进口或出口申报中所列的具体信息,例如商业发票、装箱单、原产地证书以及提单。申请方需遵守被申请方关于信息保护和商业秘密保护等要求;被申请方有权出于公共利益或国内法律要求而拒绝提供信息[①]。

(二) 联合国贸易便利化与电子业务中心(UN/CEFACT)《建议书》

联合国贸易便利化与电子业务中心(UN/CEFACT)致力于从事研究、制定、发布和推广国际贸易便利化与标准化的工作,其主要任务是与其他机构合作制定国际贸易便利化建议书;消除国际贸易流程中的限制;研发信息技术相关的贸易程序和交易便利化方法;协调与其他国际组织的工作。UN/CEFACT 一直把其主要精力集中在国际贸易便利化和标准化上,研制出了"联合国贸易单证样式",并在全球广泛推广。UN/CEFACT 发布了多个建议书、标准和技术规范,促进了国际贸易的发展。

联合国贸易便利化与电子业务中心发布的建议书严格意义上来说并不具备法律约束力,这与联合国及其下属组织的性质、功能有关。但《建议书》中所倡导建立的单一窗口制度在实践中逐步发展完善并取得了良好的成果,跨境电商活动从中受益良多。

---

① 商务部新闻办公室:《商务部世贸司负责人解读〈贸易便利化协定〉条款》,来源于 http://www.mofcom.gov.cn/article/zhengcejd/bl/201703/20170302530476.shtml,2020 年 1 月 5 日访问。

1. 单一窗口制度的形成

单一窗口制度即"国际贸易数据系统"(ITDS),是指在国际贸易运输过程中,相关各方在单一登记点交付达到监管规定标准的全部进口、出口和转口的资料和单证的措施。倘若是电子报文,仅一次性提交各项数据即可。这是对贸易信息传输的集约式处理,充分利用互联网等先进技术,实现了贸易数据的实时共享。这也与目前跨境电商所依托的互联网技术存在相同之处,两者之间的联通能推动跨境电商贸易的便利化、规范化和技术化。

该制度是由联合国贸易便利化中心于 2005 年的《第 33 号建议书》中所提出,并对该制度实施的国际标准加以明确,使之能够在各国及经济体之间通行。并在 2010 年的《第 35 号建议书》进一步提出"建立国际贸易单一窗口的法律框架",试图对当时的单一窗口制度加以完善,扩大其适用范围。该《建议书》是在应对各方调整各自法律关系及制度过程中所暴露的问题时提出的,以一览表的形式对各国引入单一窗口制度过程中所出现的共性法律问题加以指导,也是对《第 33 号建议书》用户的回应。基于《第 33 号建议书》和《第 35 号建议书》,单一窗口法律框架可以理解为是试图解决单一窗口运行过程中国内及跨境贸易数据交换所产生的相关法律问题所可能采取的一套措施。

2. 单一窗口的运行模式

现行的联合国全球贸易便利化单一窗口模式包括三种形式:单一机构、单一系统以及公共平台。

单一机构是指一个机构将他接收到的信息分发给其他部门,协调其他单位、部门的工作,并确保所分发的数据准确可靠,从而提高效率。例如瑞士海关通过单一机构模式建立的"虚拟化海关办公室"系统提高了信息传递效率、节约了管理资料;同时,使海关有效降低了执法成本、优化了人力支配、提升了效率。

单一系统模式是指通过一个集成系统作为平台对信息进行集中处理,从而实现信息的采集、分发和存储。目前该模式的使用在美国最为成熟,并发展成为国际贸易信息系统。在该系统的基础上,美国还根据本国国情进行了优化,通过成立海关及边境保护局对机构进行整合,统一执法,实现通关手续和步骤窗口单一资料自动化处理、单一自动系统模式和单一机构模式的三个一统一模式,实现了手续和资料信息的全面整合。

公共平台模式是指贸易商可以通过一个平台提交多监管机构所需的电子数据。例如新加坡的"贸易网",它为贸易商提供一站式服务,在贸易交易中减少"碎片化"的申请,实现一个单一表格完成所贸易单证所需的表格或资料。该贸易网的应用,节约了贸易商的时间,提高了海关人员工作效率,实现了监管与便利贸易化之间的平衡。

3. 单一窗口的作用

单一窗口的三种形式保证了贸易便利化的实施。在传统实践中,监管结构对多种运输方提交的资料与单证的审查,且贸易商为适用各机构间所使用的不同系统及文书样式增加了额外运行成本、降低了交易效率,从而限制了贸易发展,而单一窗口的出现则使得信息在政府监管与市场交易间、政府的内部管理间共享互通。通过一次提交、一个平台实现一次性处理,为贸易提供了极大的便利。

4. 单一窗口制度对跨境电商贸易的影响

贸易数据信息交换的透明和安全是单一窗口制度的设计最基本的要求。通过完善相应法律框架和优化信息管理水平,使得对贸易数据的收集、储存和传输过程具有高度保密性和抗干扰性的特征,并逐步发展成一种稳定而强大的模式去实施这项措施,从而成为各成员方之间信任的纽带与可靠保障。在跨境电商交易活动中,"线上交易,线下支付"会产生大量电子交易信息数据,如何将这些电子数据转化为与传统贸易中的实体单证具有同等法律效力的文件,并进行高效和安全的传输,曾是需要予以关注的方面。未来,随着单一窗口制度的推广和法律框架的完善,跨境电商信息传递所面临的诸多问题都将会得到有效解决。

建议书对国际标准也提出了相应的建议。标准的统一是单一窗口得以推广和在各国间运行的重要因素。它对国际贸易便利化(服务和监管)提供了一种可扩展性,优化了国际供应链的各方及各环节的运行效率。鉴于单一窗口模式下,企业到政府(B2G)和政府到政府(G2G)的关联更为密切,这种模式下企业与企业之间也可以共享该制度带来的信息传递的便利。跨境电商的各交易环节在单一窗口模式下可以节约信息传递的成本,各交易方可以共享系统内信息,也方便了政府对电子交易的监管,打造出一个多方共赢的局面。随着单一窗口模式效果的日益凸显,更多的区域性组织也开始逐步应用这一制度,如东盟和亚太经合组织等。而单一窗口制度的发展和完善,将会推动跨境电商在全球贸易中的发展。

同时,单一窗口制度还将推动各国现行制度和法律完善和国际化。例如,有关单证的电子化提交,电子签署(包括数字化签),用户及报文验证,数据共享,数据的保存、销毁及归档等。毫无疑问,当前运行的管辖贸易信息流的法规对单一窗口措施的运行会产生影响。面对这种情况,及时对与贸易数据交换相关联的信息进行更新,并完善相关法律是解决单一窗口制度所面临问题的必要举措。同时,应该将当下国际贸易背景和跨境电商带来的新变化纳入分析考量①。

(三)世界海关组织(WCO)发布《跨境电商标准框架》

随着跨境电商在全球范围内的迅猛发展,作为跨境电商监管的重要环节,各国海关在监管、统计、安全和税收等方面面临着许多新的挑战。为制定解决问题的有效方案,世界海关组织(WCO)成立了跨境电商工作

---

① 石林:《跨境电商贸易便利化相关规则研究》,郑州大学硕士学位论文,2018 年提交。

组。2017年10月,中国海关接任澳大利亚海关,成为该工作组的主席,并受世界海关组织的委托,联合其他成员牵头制定了《跨境电商标准框架》(以下简称标准框架)。2018年6月,世界海关组织审议通过了标准框架,这一框架将对跨境电商贸易便利化的发展产生深远影响。

标准框架由四个部分组成。第一部分为概述,主要介绍了跨境电商的特征、发展状况以及未来趋势。第二部分是目标、原则和立法,介绍了标准框架的8项原则,对于标准框架的说明以及各国立法相关要求。第三部分是实施战略、监督和能力建设,要求各国海关当局依据本国状况对标准框架制定分阶段实施的步骤和安排,并定期向世界海关组织报告本国评估措施和制定流程,共同提高跨境电商监管能力。第四部分是管理跨境电商的关键原则和标准。标准共15项,按照内容可以分为提前获得数据进行风险管理、简化手续促进贸易便利化、加强税收征管、确保国家和社会安全、建立伙伴关系、开展公众能力建设以及重视测量分析与创新技术发展七个方面。该部分是跨境电商标准框架的核心部分。

1. 提前获得数据进行风险管理

海关应建立法律和监管框架,使电商供应链各方、海关及相关政府部门能够进行电子数据交换,以加强跨境电商监管,提高贸易便利化水平。同时,应重视相关法律,特别是《竞争法》《反垄断法》对数据安全、隐私保护和所有权的规定。应结合各国政策,统一实施世界海关组织及其他国际相关标准和指导文件,以协调有效地促进电子数据的预先交换。海关应发展并针对电子商务的特点运用最新的风险管理技术,以识别高风险货物。作为风险分析的组成部分,海关应充分利用数据分析和货物筛查技术,结合非侵入式检查设备,对各类运营模式的电商和各种方式运输的货物进行查验,以加强监管。

2. 简化手续促进贸易便利化

海关应与其他政府部门合作,制定并不断改进、简化通关手续流程,利用货物运抵前申报和风险评估制度,让低风险货物抵离时尽快放行。简化的通关手续如可能,还应包括以企业为单元的税费征管和退换货物制度。海关应探索推动在跨境电商领域实施信得过企业(AEO)制度和互认协议安排,包括充分发挥中介的作用,使得中小微企业和个人能够最大限度地享受电商发展的红利。

3. 加强税收征管

海关应与政府机构或部委合作,考虑采用不同的征税模式(如电商收交、中介代收、买方或消费者缴纳等)征收关税和其他税费。为保证税收,海关应提供电子支付手段,在线公布有关信息,允许采用灵活多样的支付方式,以确保税收征管过程公开公正。采用的征税模式应实用、高效、可衡量和具灵活性,能适用不同的商业模式,有助于为电商领域各利益攸关方营造公平的竞争环境。政府部门在审核或调整关税或其他税费的最低起征点时,应充分考虑本国的具体国情,以作出科学决策。

4. 确保国家和社会安全

海关应与相关政府部门合作,对非法跨境电商交易活动建立分析与调查制度,以禁止滥用电商渠道,预防并遏制非法交易。政府应尽可能在全国部门间包括单一窗口在内的电子机制建立合作框架,以统一、协调应对电商发展带来的安全风险,促进合法交易便利化。

5. 建立伙伴关系

海关应建立和深化与电商各参与方之间的合作伙伴关系,发展和加强彼此间的沟通、协调与合作,促进电商交易合规及便利化。为促进跨境电商交易的合规与便利化,各海关应努力将合作和伙伴关系扩展至跨境电商领域。

6. 开展公众能力建设

海关应通过全面的公众普及、交流和宣传教育活动,让消费者、公众及其他利益攸关方了解有关跨境电商的监管要求以及从事电商交易活动需要承担的风险与责任。

7. 重视测量分析与创新技术发展

海关应与相关政府部门、电商各参与方密切合作,根据国际统计标准和各国政策要求准确获取、测量、分析并发布跨境电商交易的相关数据,以供决策参考。海关应与相关政府部门、企业和学界密切合作,积极关注创新技术发展,并探索其在推动跨境电商有效监管、促进电商交易便利化的作用。

二、新加坡推进贸易便利化的措施

美国智库传统基金会(The Heritage Foundation)发表的《2020 年经济自由度指数》显示,2020 年,新加坡首次取代占据该指数榜首长达 25 年的中国香港,成为世界最自由经济体。新加坡对外贸易高度开放,是世界上最亲商的国家之一,也是最早应用电子网络实行贸易便利化的国家。在实行贸易便利化方面,新加坡的做法主要有以下六个方面:

(一)构建电子政服系统,提升准入效率

电子填报与信息更新系统和在线商业执照系统是新加坡为实行贸易便利化而成立的两大在线政务服务平台。电子填报与信息更新系统可以为企业注册提供一站式服务,目前该系统正在扩大其增值服务,如提升咨询分析质量、增加金融信息数据库服务等。在线商业执照系统整合多个政府机构的业务,可为企业申办者一次性办理 200 多项商业经营许可证申领业务。这两大在线电子系统为企业办理各项服务实现了无纸化,极大地缩短了办理时间,节省了办理费用。

(二)建立国际贸易监管系统,提升贸易流通效率

新加坡重视信息技术在贸易监管方面的运用,利用信息手段建立了

贸易网和全球电子贸易服务平台。贸易网是新加坡积极构建的单一窗口，是进出口业务唯一的申报平台。贸易网与新加坡所有参与国际贸易管理的机构相连接，进出口贸易只需在此平台上进行一次申报就可办理所有通关业务，极大地简化了通关手续，提高了贸易流通效率。2016年，新加坡推出全球首个可连接世界各个海关的电子贸易平台——全球电子贸易服务平台，该平台的目标是实现"一次申报、全球通办"。这些有效的通关作业平台使得新加坡成为全球贸易和物流中心。

（三）搭建物流和通关服务系统，提升物流效率

作为新加坡"单一窗口"港口服务公共信息平台，口岸物流系统实现了政府部门、船舶公司和卡车运输公司等的联通，从服务预订到费用清单，一整套完整的电子商务交易仅在该系统上就可完成。码头作业系统控制整个码头集装箱作业。这两个系统相互配合，全自动化无缝对接，组成了新加坡高效的港口物流与通关服务系统，极大地缩短了货船周转时间，提高了物流效率。

（四）建立企业信用风险管理系统

为了营造社会诚信环境，给专业服务机构提供信用评估产品，新加坡建立了信用数据信息系统。首先，该系统由数据中心委员会主导，负责数据管理控制和数据质量的监督，客户只需一次提供个人信息，该系统即可在内部完成数据信息的共享。其次，该系统市场化运作。征信机构提供信用评测，征信机构的准入由新加坡金融管理局负责。DP 资讯集团①评估周期短、费用低，目前已成为新加坡企业信用风险管理的基本评价指标。

---

① DP 资讯集团（DP 资讯）是新加坡著名的信用和企业信息服务机构。

（五）实施总部扶持计划，提升总部经济能级

得益于政府扶持政策，新加坡有超过 2.6 万家跨国公司，全球 500 强企业中，有 1/3 把总部设置于此。为吸引大型国际贸易公司在新设立商业区域中心，新加坡发展局推出了全球贸易商计划。作为税收奖励计划，全球贸易商计划主要适用于从事商品采购、运输与销售，在工业领域声誉较好的跨国企业，同时该计划要求企业必须以新加坡作为在本区域从事相关商业活动的中心。这些跨国公司利用新加坡作为采购和分销基地，向其他市场拓展业务，极大地带动了新加坡经济的发展。

（六）建立自由贸易园区管理服务机制，提升集成效应

新加坡设立了 9 个自由贸易园区，分别服务于空运物流和海运物流。通过实施贸易便利化措施，自由贸易园区在促进海运港口和空运机场转口运输和海运港口、推动跨境贸易发展上起到了重要作用。

自由贸易园实行"境内关外"的管理模式。自由贸易园区主要从事与国际物流相关的业务。为提高通关效率，"一线入境"手续高度简化，海关对园区货物实施非常有限的监管，货物入区时可直接凭过境提单直接通关，海关不对区内货物进行过多干预。

高效便捷的通关体系与完善的配套措施。借助于由贸易网、港口物流与通关服务系统等组成的国际航运中心信息平台，全程可实现无纸化运作；海关、检疫等部门全天无休加快货物运送效率；区内为散货提供临时储存服务，货物可在区内自由转运。区内各环节物流商配备齐全，货物从卸货到出区仅需 1 小时。①

---

① 宋鹏霖、李飞、夏小娟：《对标新加坡提升自贸试验区贸易便利化的路径与思考——以上海自贸试验区为例》，《上海对外经贸大学学报》2018 年第 1 期，第 59—66 页。

三、韩国推进跨境电商便利化的措施

近年来,韩国电子商务发展迅速。2019 年,韩国海外在线销售额为 5.960 9 万亿韩元,相比 2018 年,增长了 65.4%;在线消费总额为 3.635 5 万亿韩元,比 2018 年上升了 22.3%。2020 年 2 月,电商销售额同比增加 34.3%,实现了自 2016 年 6 月以来最大增幅,[1]由此可见韩国电商发展之迅速。韩国跨境电商的迅猛发展离不开其多方面便利化措施的构建,主要包含以下几个方面。

(一)良好的互联网基础

韩国网速连续多年位居全球第一,城市居民宽带网速高达 100 Mbps,移动宽带平均速度为 37.5 Mbps,超高的网速为居民提供了快速良好的上网体验,智能手机的普及居于全球第二,使得网上购物得到迅猛发展;家庭互联网普及率也占据全球首位,2015 年就达到了 98.5%,基本上实现了全面覆盖。流畅的上网体验以及广大的网民基础,使得依赖于互联网的跨境电商在韩国得到了良好的成长空间。2018 年,韩国已经发展为东亚第三大电商市场,仅次于中国和日本。

(二)完备快捷的物流体系

韩国快递业发达,在物流基础设施领域位居世界前列。韩国物流市场呈现三足鼎立的状态,现代物流、大韩通运及邮政快递占据主要的市场份额。这些大型物流公司兼顾海内和海外市场。以大韩通运为例,该企业由 CJ GLS 和 CJ 大韩通运合并,CJ GLS 擅长国际业务,在全球 21 个国家有 70 多个据点,而 CJ 大韩通运则注重国内物流服务。完备规范的物

---

① 新浪财经:《疫情之下韩国电商销售猛增近 35%》,来源于 https://finance.sina.com. cn/stock/usstock/c/2020-03-30/doc-iimxxsth2586619. shtml? cre = tianyi&mod = pcpager_ fintoutiao&loc=15&r=9&rfunc=59&tj=none&tr=9,2020 年 6 月 23 日访问。

流体系,使得韩国电子商务无论是在国内市场还是在跨境交易上都得以迅速发展。同时,为了进一步满足海外市场的需求,仁川正积极打造电商贸易物流基地,有望于2020年末正式运营。仁川港湾公社将在港口现有物流设施的基础上构建专门针对电商的物流基地,可以为电商企业提供出口申报、产品保管和海上运输等服务。

(三)注重电商人才培养,推动相关标准制定

韩国政府非常重视跨境电商的发展,注重人才培养与相关标准的制定。为解决电子商务技术人才相对匮乏的局面,在2000年,韩国政府发布了《电子商务人力资源发展计划》,培养了众多电商技术人才,为之后跨境电商的发展提供了充足的人才保障。为制定电子商务标准,韩国建立了电子商务标准研究机构,主要有韩国电商协会(KIEC)、EDIFACT韩国委员会(KEC)、电商一体化论坛(ECIF)等。

(四)积极制定跨境电商便利化制度,参与全球电商合作

为扩大跨境电商出口规模,2016年8月,韩国关税厅开始试点实施"跨境电商出口通关认证制度",大幅简化电子商务公司的出口申报验放程序,对通过韩国海关的出口商品予以认证。韩政府积极参与多边组织(如OECD, ASEM, APEC等)电子商务的讨论,加强与电子商务较发达国家(如中国、美国、德国、马来西亚、新加坡等)之间的合作。韩国政府推出eAMP计划,利用其成熟的商业模式和电子商务基础设施,建立联接全球的商业网络,使韩国成为亚洲跨境贸易的网络中心①。2015年6月1日,韩国与中国签署《中韩自由贸易协定》,使得中韩两国企业关税减少,获得了更大的市场。2016年6月,韩国未来创造科学部邮政事业本部(邮

_____

① 中国电子商务报告,2018年。

政局)和中国邮政开通了中韩海运 EMS 速递,相比于空运,可减少三分之二的运费成本。

四、巴西推进贸易便利化的措施

作为金砖国家之一,巴西积极推行贸易便利化,近年来,在贸易便利化领域发展迅速。根据 WTO 公布的数据显示,2017 年 10 月至 2018 年 10 月,巴西是实施贸易便利化措施数量最多的国家。

(一)与国际组织步调一致的规则制定

2007 年 12 月,巴西国际贸易商会以提高贸易便利化水平为宗旨制定新规。2008 年 3 月,巴西贸易便利化技术组(GTFAC)成立,致力于全面提升巴西贸易便利化水平的相关工作。贸易便利化技术组制定了一系列便利化措施:促使国会批准《伊斯坦布尔公约》(暂准进口单证册 ATA CARNET);取消进口飞机和飞机零部件的许可证要求;综合审议非关税控制机构的规则和许可证要求,减少不必要的程序,提高效率;对巴西外贸数据系统(Siscomex)进行改善,使得低风险操作可以自动完成。巴西积极参与国际贸易便利化相关条约的签订,如修订后的《京都条约》,2016 年 3 月,巴西议会批准《贸易便利化协定》议定书,总统罗塞夫签署加入世界贸易组织《贸易便利化协定》,作为新兴市场经济体,巴西将获益良多。

(二)充分利用计算机系统的便利优势

巴西开发了计算机集成系统(Integrated System for Foreign Trade in Services)用于对外服务贸易,对边境上政府机构的劳动力进行了全面评估,以优化巴西的人力资源。在联邦收益秘书处(RFB)的努力下,2004—2007 年,巴西外贸流速度明显加快,海关清关时间持续缩短,这表明巴西整合优化关税程序的努力取得了较好的成果。信息技术的使用,使得巴西优化了风险分析,减少了港口出仓时间,加强了对假冒产品和非法走私等欺诈行为的打击①。

五、日本发展贸易便利化的措施

作为世界贸易大国,日本对外贸易量位居世界前列。在推行贸易便利化方面,日本表现十分积极,采取多方面举措推行贸易便利化发展。

(一)优化通关流程

日本主要通过海关来实施贸易便利化,其他相关机构协助海关执行。经过一个半世纪的发展,日本海关已经成为最现代化的海关之一。日本海关的工作内容主要有以下三个方面。一是征收关税和其他税费,确保公正公平、透明公开的税收环境;二是查缉走私,打击违法犯罪,提供安全稳定的社会环境;三是积极推行贸易便利化。日本海关推行贸易便利化的核心在于使通关流程便利化,这需要日本海关在稳定进出口贸易过程的基础上积极促进贸易便利化的发展,减少通关手续和文件数量,处理海关现场业务时流畅透明。所以,海关要不断优化通关手续,对各种操作系统进行升级与改进,最大程度提供便利的贸易环境,来促进贸易效率的提高。

(二)完善贸易便利化的法律保障体系

二战后,日本经济高速增长,出口贸易也快速发展起来,日本获得了较大的贸易利益。为满足快速增加的通关业务的需要,发展贸易便利化,日本修改了《关税法》。1960 年,日本颁布了《关税暂定措施法》,次年,以作为关税税则分类国际标准的《布鲁塞尔关税商品归类目录》为范本对本

---

① 柴瑜:《金砖国家贸易便利化:发展与合作》,《中国金融》2011 年第 5 期,第 24—26 页。

国进出口商品进行分类,并对《关税定率法》和《关税暂定措施法》进行了大规模修改。之后,日本实施了《通关业法》,取代了报关人制度,确定了从事通关业务的专业报关人的资格标准,实施通关员资格制度,以便配合关税申报纳税,满足急速增长的贸易通关的需要。

（三）强化海关边境管理的制度与措施

近年来,日本贸易便利化改革措施主要体现在海关管理方面。世界电商贸易的发展,使得各国海关要完成大量的报关工作。为了既能简化繁琐的报关手续,提高通关效率,又能防止出现军火走私、违禁药品及其他有害物品漏查等问题,日本采取多方面的举措,主要包括发展海关风险管理系统、制定 AEO 制度等。海关监管与贸易便利化在各自要求上相互矛盾,采用海关风险管理的方式,便可以兼顾两者的要求。基于海关信息和经验,对进出口商、货物、金额和来源等指标进行综合分析、风险评估。低风险货物可即刻通关,而对于高风险的货物,则需要接受进一步的检查。对货物进行区别对待,既实现了有效监管,又提高了便利化水平。与风险管理系统一样,AEO 制度也是为了保证贸易的安全和便捷。日本的AEO 制度,是其推广贸易便利化的核心制度。AEO 制度具体内容是:海关按照一定的标准对需要出入海关的企业进行评定认证,符合认证标准且遵守法律的企业即有资格在通关上获得较为宽松便利的政策支持。

（四）提高港口的管理水平和运行效率

从 2007 年 12 月 1 日起,日本修订了《港则法》。将大阪港、神户港和尼崎西宫芦屋港三港合并,更名为阪神港。此举标志着日本建设超级枢纽港,利用港口合并的新优势来应对邻国港口竞争计划的正式开始。阪神港合并后成立单一港口组织,船舶一次付费可进两港,降低了船只的进港费用,为海上贸易创造了便利的环境。阪神港实施单一的港务局行政建制,此举精简了港务机构,节省了政府行政支出,降低了港航企业的运营成本。大部分的日本的港口设施是由地方政府和港口经营者共同管理。港口合并后,在港口生产经营上政府充分放权给港口经营者,极大地调动了社会各界参与港口建设的积极性。为完善港口设施的经营与管理,地方政府及港口经营者主要从日常经营、管理手段、经营战略等多方面加以推进。

(五)重视标准与一致化认证工作

经济全球化的不断深入,使得生产全球化成为主要趋势,全球性的生产分工体系逐渐形成。由于不同国家和地区生产技术水平不同,产品适用性成为主要问题,人们对产品的标准与一致化水平提出迫切的要求。标准与一致化水平的高低将会直接影响日本产品在国外市场中的流通性和贸易中的便利化水平。为此,日本高度重视标准与一致化问题,对技术法规和合格评定程序出台了一系列法律,包括《医药法》《工业标准法》及农林业产品标准化的相关法律。这些法律成为 WTO《技术贸易壁垒协议》在日本实施的主要基础。日本十分注重标准制定的透明性。作为技术法规和技术评定程序的一个重要环节,负责机构必须向社会公开正在拟议的相关法规,并且为所有利益方及公众提供发表意见的渠道。日本积极参与标准与一致化方面的国际合作,先后参与了 APEC 通信设备的合格评定相互认证协定,并与欧盟、新加坡、泰国和菲律宾签署了电子产品相互认证协定。[①]

六、德国汉堡港提高港口效率的措施

德国汉堡自由港于 1888 年 10 月 15 日正式建立,优越的地理位置及

---

① 甘睿森:《日本贸易便利化研究》,吉林大学博士学位论文,2017 年提交。

德国政府出台的各种有力措施,使得汉堡自由港一度对德国乃至欧洲经济的发展起到了重要的作用。然而随着欧盟一体化进程的推进,欧盟各成员国之间成立关税同盟,欧盟成为统一关税区,自由港依靠关税优惠吸引贸易的优势荡然无存。现代航运的发展使得物流效率成为港口竞争之关键,自由港的各种过关限制,严重地降低了其物流效率。为实现自身转型,2013 年,汉堡自由港废除,终结了其 125 年的历史。汉堡自由港结合时代背景,适时变革,走出了适合自身发展的独特道路。取消自由港后的汉堡港盈利持续增长,其具体措施如下。

（一）积极使用信息网络体系,坚持效率优先

转型后的汉堡港,按照现代航运的要求,以提升港口效率为核心,注重效率优先。汉堡港积极使用新版海关电子数据处理系统,将船只和货物纳入海关信息网络体系,搭建高效的清关系统,非欧盟国家进入汉堡港时不必前往海关检查站办理手续,在码头临时停靠时就可以直接通过电子方式完成通关手续的填报。而对于统一关税区的欧盟国家,由于自由港原本针对欧盟货物的规定随着自由港的取消而取消,入关程序更为简化。同时,汉堡港将高新技术成果应用于港口建设,物联网、无人卡车、5G 技术、虚拟现实等高新技术的部署,将在不久的未来更大地提高汉堡港的效率。

（二）放宽监管政策,简化报关手续

自由港取消后,自由贸易区边界不再进行交通控制;对报关手续进行简化,采取"一船多式"的模式,使不同通关模式的外贸货物可以在同一艘船上运输,大大缩短了报关时间,缓解了港口交通堵塞现象。

七、欧盟推进贸易便利化的措施

在被调查的 16 个欧盟国家中,推进便利化面临的挑战主要在于跨境

电商的碎片化(如图 2.1 所示),导致海关监管过程中缺少人力资源。此外,由于邮政服务通常没有配套机制实现电子方式的信息交换,仅凭人工审单导致速度下降,通关费用提高。

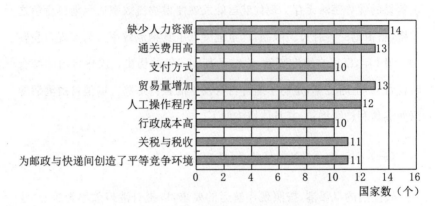

图 2.1　欧盟推进贸易便利化面临的挑战

（一）建立现代化的信息交流体系

欧盟国家要求电子商务利益相关者要加强与海关当局之间的信息流动。只有他们之间建立起无缝的信息互动,海关才能够获取到所有有关货运的信息,从而有助于缩短大量的合法货运通关时间,同时有效监管非法贸易。海外相关国家和地区对于跨境电商的海关监管手段由于电子信息化技术的运用取得了极大的进步,美国采用的公共网络信息化平台,欧盟投入使用的仓单预申报系统、RASFF 和 REPAX 的预申报系统,以及新加坡的电子化通关系统都很好地将信息化技术与海关监管系统相互结合,既提高了跨境电商海关监管部门的执法效率,有效降低可能存在的风险,也节省了跨境电商流通的时间,提高了便利化程度。①

①　Kim T Y, Dekker R, Heij C.Cross-Border Electronic Commerce: Distance Effects and Express Delivery in European Union Markets[J]. *International Journal of Electronic Commerce*, 2017, 21(2):184—218.

（二）提前获取的邮递物件信息

欧盟成员国指出，提前获取的邮递物件信息将成为革新后的海关安全计划中的法律要求。这些预申报也可适用于简化特定邮递物件的海关申报程序。利用数字与电子系统为贸易商与海关提供了完善通关与运送流程的不少机遇。在货物到境之前，贸易商可提交清单并收到由海关发出的应付关税的信息。一旦货物抵境，基于风险评估，货物可被快速查验放行。

（三）实施舱单预申报

为了促进欧盟各成员国间的贸易安全和便利，欧盟于 2010 年引入了电子舱单进口预申报系统（Import Control System），对进口货物进行信息化手段的处理，基于该系统生成的"舱单预申报规则"于 2011 年 1 月 1 日起也开始正式生效。该系统要求所有进入欧盟的跨境电商商品必须遵守"舱单预申报规则"，对于负责运送货物到欧盟的承运人必须至少提前 24 小时向到达欧盟的第一个港口的海关进行舱单预申报，否则货物将被禁止入境。通过舱单预申报，欧盟可以对进境的货物进行实时监控，提升对跨境电商商品的海关监管效率，提高跨境物流的安全性和可预见性。[1]

八、通关便利化案例介绍

（一）挪威在通关便利化方面的实践

2015 年，挪威海关开始推行简化程序（如图 2.2 所示）以支持从事为

---

① MARCHYNSKA NADIIA：《欧盟国家 B2C 电子商务发展水平分析》，浙江大学硕士学位论文，2019 年提交。

个体消费者处理大量进口申报工作的经营者或申报者。如果每批货物的价值在 350 挪威克朗(包含运保费)与 3 000 挪威克朗(不包含运保费)之间,那么货运公司可向海关当局提出授权申请,为多个消费者统一申报。这样的授权仅适用于 B2C 或 C2C 模式下的低价值货物,限制进口或需征收消费税的货物不在范围内。个体消费者可通过电子海关申报网络进行海关申报,但要求是货物为消费者购买的且价值处于 350—3 000 挪威克朗之间。如果货物需要提供许可证或属于特定限制物品(如酒精、烟草及药品),则不能进行该操作。

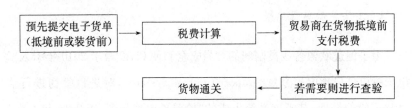

图 2.2　挪威预申报下的通关便利化流程

(二)美国在通关便利化方面的实践

美国对于有形商品跨境电子交易规定:通过邮运或货运方式进入美国,而且货物价值不超过 2 500 美元的进口商品,纳税申报主体可以通过非正式报关程序进行申报通关;而对于商品进口价值低于 200 美元的合法商品,美国海关可以直接放行且无需缴纳相应关税;通过快递方式进入美国且商品价值高于 2 500 美元的进口商品,申报主体必须按照正式报关的程序进行申报且通关流程按照一般商品处理。对于以无形的商品或者服务为交易标的直接电子交易规定:在现行法律规定范围内,对于通过互联网下载的材料或者由卖方通过电子形式等形式传至买方的此类无形商品无需缴纳关税,主要是因为目前对此类商品的价值难以评估,没有方案对数字商品进行有效监管。

第三节　我国跨境电商便利化措施

作为我国对外贸易的新亮点,跨境电商得到了我国政府的高度关注。近年来,我国跨境电商规模持续扩大,进出口交易额不断攀升。海关总署数据显示,2019 年,我国跨境电商继续保持蓬勃发展的态势,其中通过海关跨境电商管理平台进出口达到 1 862.1 亿元,该数据是 2015 年的 5 倍,年均增速49.5％。[1]作为全世界规模最大、发展最迅速的电子商务市场之一,我国颁布了一系列推进跨境电商便利化的政策法规,积极建立跨境电商综合试验区,为其他国家和地区的跨境电商便利化发展提供了可供借鉴的宝贵成果和经验。

跨境电商综合试验区先行,旨在跨境电商综合试验区(以下简称综试区)进行制度创新、管理创新、服务创新和协同发展,发现跨境电商在发展过程中所遇到的困难和阻碍,提出可行的解决方案,进而在其他区域推广。2015 年,我国首个综试区杭州综试区成立。截至 2020 年 5 月,我国已设立了 105 个综试区。这些综试区所积累的大量可复制、可推广的宝贵经验,为我国其他地区跨境电商的发展指引了方向。总体概括,可以分为以下四点[2]。

一、完善线上综合服务平台

上海综试区积极与国家统一信用信息交换共享平台相对接,在海关与检验检疫、工商等地方政府之间构建数据通路,实现了信息共享、协同治理的监管机制。青岛综试区跨境电商单一窗口已与 145 家跨境电商企

---

[1]　人民政协网:《商务部:2019 年我国跨境电商零售进出口额达 1 862.1 亿元人民币》,来源于 http://www.rmzxb.com.cn/c/2020-04-10/2553247.shtml,2020 年 5 月 20 日访问。

[2]　刘雪晴:《跨境电商国际规则制定的基本状况与中国实践》,中国人民大学专业硕士学位论文,2019 年提交。

业对接,实现了商业主体和政府管理部门之间的信息共享,为青岛综试区的建设提供了信息基础。杭州综试区搭建大数据平台和大数据实验室,能够将不同区域、不同行业、不同部门之间的数据进行交换和共享,为监管部门和市场服务主体提供信用评分评级、风险监管及预警、融资担保、海运拼箱等数据分析应用服务。苏州综试区线上综合服务平台实现了与东盟"单一窗口"GeTS 平台的成功联调,出口 B2B 业务数据可直达东盟 10 国和印度等国①。

二、创新金融支持模式

中小跨境电商参与贸易融资的准入门槛较高,融资难是制约中小跨境电商企业发展的一大重要因素,为解决这一问题,各综试区在金融服务上进行了一系列的创新探索。杭州综试区和阿里巴巴联合共建信用保障资金池,300 家杭州跨境电商 B2B 企业得到 19 亿美元的信保额度,政府为企业的网上交易做了信用背书。青岛综试区印发《关于支持青岛市金融机构开展出口企业融资模式创新试点的通知》,青岛银行、中国出口信用保险公司山东分公司联合制定《"银贸通"出口订单融资模式实施办法》,利用大数据,破解了传统贸易融资的信用风险问题,解决有关出口企业融资难、融资贵的问题②。

三、简化通关手续

为提高通关效率,各综试区在制度优化方面进行了创新。上海综试区创新企业准入制度,通过企业信用公示平台评估跨境电商企业的信用等

---

① 张莉、李峰:《跨境电商新局》,《新理财(政府理财)》2018 年第 8 期,第 35—37 页。
② 山东省商务厅:《青岛市多措并举助推跨境电商综合试验区跨越式发展》,来源于 http://commerce.shandong.gov.cn/art/2017/12/8/art_106531_7710402.html,2020 年 3 月 4 日访问。

级,按照信用等级分类监管。快件物流企业可以直接和公共服务平台对接,实现"批量申报,实时传输"。深圳综试区推广"入区暂存",探索跨境电商零售进出境商品的批量转关操作。保税备货模式中,海空运输入境实施"先入后报",公路运输入境实施"快速通关＋先入后报"。积极探索适合跨境网购零售进出口形式的海关归类办法以及清单申报通关及统计方式。①

四、创新监测模式

跨境电商的快速发展对监测模式提出了新的要求,各综试区对监测模式进行了积极的创新。上海综试区利用公共服务平台的集成数据,完善风险防范机制,健全监测体系,建立跨境电商企业信用数据库。深圳跨境电商综试区完善电子商务统计监测体系,实现综合服务平台和跨境电商平台的数据互补。建立跨境电商大数据服务中心,利用大数据和云计算技术,对物流、风险防控等数据进行分析处理,聚合跨境电商数据,为政府监管提供决策咨询服务。苏州跨境电商综试区利用线上综合服务平台,通过大数据手段,对各类信用数据进行分析,为跨境电商的监测预警和风险防控提供有力支撑。②

第四节　我国跨境电商发展面临的挑战

一、相关国家政策收紧

随着全球电子商务市场的快速发展,跨境电商已经成为国际贸易新的增长点,受到各个国家的高度关注,基于本国利益,一些国家收紧了相关政策。一是 2020 年 2 月,美国贸易代表办公室(USTR)宣布取消中国

---

① 黄艳:《我国在贸易便利化领域的进展及对策建议》,对外经济贸易大学硕士学位论文,2005 年提交。

② 陈江生:《跨境电商理论与实务》,中国商业出版社 2016 年版。

内地、中国香港等 25 个经济体所享有的 WTO 发展中国家优惠待遇,这意味着今后中国在与美国的贸易中,将不再适用"特殊和差别待遇",而是按照发达国家标准执行,中国企业出口到美国的商品关税将有所增加。二是电商征税的趋势越来越明显。欧盟取消了 22 欧元免税额,使得部分商品需要额外增加关税成本;俄罗斯财政部提出的政府令草案建议规定的每人每月境外免税商品额从 1 000 欧元下调为 500 欧元(2018 年 7 月 1 日起),到 2019 年 1 月 1 日以后则降为 200 欧元,这将限制俄罗斯消费者的国外网购能力。由于俄罗斯的跨境电商进口中有 90% 的比重来自中国,这对主要出口俄罗斯的电商企业会产生一定的负面影响。[①]

二、国内跨境电商人才的不足

近年来,我国跨境电商发展迅速,但相关人才短缺是制约我国跨境电商进一步发展的主要原因。尽管我国很多高校开设了国际贸易和电子商务专业,但是高校毕业生的整体能力与企业所需求的专业化、社会化、国际化复合型人才匹配度不高。主要跨境电商平台和第三方机构也进行了跨境电商人才培训,培养的人才具备一定基础操作能力和入门知识,但是也不能完全满足企业对具有一定技巧和实战经验的中级人才的需求。随着国际化不断深入,我国还需要培养一批具有国际化视野、适应全球化市场的复合型电子商务管理人才[②]。

第五节 国内外跨境电商便利化措施经验借鉴

一、中国实践对跨境电商国际规则的影响

近年来,我国政府通过各种政策和法规,对跨境电商的通关、结汇、纳

---

① 余波:《中国海关通关管理模式研究》,西南交通大学硕士学位论文,2007 年提交。
② 商务部电子商务和信息化司:《中国电子商务报告 2017》,中国商务出版社 2018 年版。

税、检验检疫等关键环节进行优化,极大地简化了通关流程,提高了通关效率,为跨境电商便利化发展提供了先进借鉴。我国实践对于跨境电商国际规则的影响主要体现在国际规则制定、争取更多国际关注以及跨境电商国际治理三个方面。

（一）对相关国际规则制定的借鉴意义

1. 跨境电商贸易便利化

中国在单一窗口的构建工作方面做出了积极的创新和努力。各个跨境电商综合试验区的主要任务之一就是建设单一窗口服务平台,对单一窗口的综合功能提出了更高的要求,即将单一窗口打造成海关、商务、税务、外汇、金融信息、检验检疫和物流的一体化平台,使得各单位的信息互通,从而实现跨境电商资金流、信息流和物流的聚集。这也将是未来国际上跨境电商单一窗口构建的必然趋势,也将极大地降低相关流程手续带来的交易成本,提升无纸化贸易水平,提高跨境电商的便利化和通关效率。单一窗口的构建还需要各国海关之间的共同努力与合作,其最终的目标是能够实现各国单一窗口平台服务的统一标准,实现各国间的无缝连接,因此在未来单一窗口构建的标准和要求相关的规则中,可以参考中国跨境电商综合试验区已经实行的方案,它将为各国单一窗口构建的信息一体化提供借鉴经验。①

2. 关税政策

在关税税率问题上,中国的税收政策对跨境零售电商与一般贸易进行了区分,中国曾探索过对个人自用产品限值内免税的政策,但随着跨境电商的快速发展,目前该政策已被取消,并划定了新的限值,按照限值对应的税率征税。另外,在消费者进行退货时,可以相应地调整其年度累计限额,并委托跨境电商企业代为办理退货手续。该政策将对个人消费者

---

① 徐英超:《跨境电商对我国国际贸易的影响及对策研究》,《知识经济》2018 年第 3 期,第 54—56 页。

的每笔跨境电商交易均进行清晰的电子记录,并累计计算年度内购买商品的全税价格,既给予了消费者一定的关税和其他税费优惠,减少了退货流程给消费者额外带来的税费成本,从而提高跨境电商贸易的吸引力,又在一定程度上保证了海关的税收收入,便捷了海关监管。这种灵活的税收政策是值得国际税收立法借鉴的,限值的设置水平则需要根据各国的跨境电商发展水平进行适当设置与调整。

3. 打击非法贸易

针对跨境电商中可能出现的商业欺诈、假冒伪劣产品销售、销售禁售商品和侵犯知识产权等情况,为便于海关进行跨境电商主体信用监管,我国跨境电商综试区普遍采用了建立质量管理体系及跨境电商出口信用体系的做法,将参与跨境电商交易的企业纳入信用体系中进行信息化管理,交易时披露企业信用等级信息。如果这种信用平台能够延伸至国际贸易范围,那么将促使全球范围内的跨境电商企业信用信息的共同监督与识别,降低互联网的匿名特性带来的跨境交易风险,增强交易者对跨境电商的信心。同时,采用便利的二维码、防伪溯源标识等信息化手段追溯产品生产链和销售链的源头,并加大升级检验检疫技术,可以有效打击造假贩假行为,为消费者提供更为便捷安全的跨境电子消费环境。

4. 制定跨境电商数据标准

跨境电商发展离不开跨境交易数据的快速有效流动,但是要实现跨境数据的有效传输,需要建立起国际跨境电商的数据标准,既要保证数据自由流动,又要保护消费者权益。我国跨境电商综试区已在此方面采取了重要的创新举措,探索有关建立数据信息传输、开放、共享和使用的规则规范,保障系统和数据的安全,保护跨境电商中各接入方的合法权益。①

---

① 刘雪晴:《跨境电商国际规则制定的基本状况与中国实践》,中国人民大学专业硕士学位论文,2019年提交。

（二）为发展中国家和最不发达国家争取更多的关注

尽管中国目前的跨境电商贸易已经走在了世界前列,但中国仍然是一个发展中国家,由于某些基础设施和技术发展水平上的不足,与美国等一些发达国家依然存在一定的差距。在这种局面下,一方面中国可以为广大希望快速进入跨境电商市场的发展中国家和最不发达国家提供借鉴经验;另一方面,在WTO商业谈判中,中国会站在发展中国家的立场上提出相关的贸易提案。因此,中国将可能为改善数字鸿沟问题在国际上争取更多的关注,在开放跨境电商市场的问题上,强调各国经济发展水平的差异,为发展中国家和发达国家争取开放时间延迟和相关技术上的援助。

（三）中国参与跨境电商国际治理将不断深入

随着首届世界海关跨境电商大会在中国的成功举办以及由中国牵头制定的《世界海关组织跨境电商标准框架》的发布,中国在国际跨境电商国际交流合作、规则制定方面扮演着越来越重要的角色,同时也承担着更多的责任。2019年1月25日,在瑞士达沃斯召开的电子商务非限制性工作会议上,中国与包括美国、欧盟、俄罗斯、巴西、日本、新加坡、缅甸、尼日利亚、澳大利亚等在内的76个世界贸易组织参与成员签署了《关于电子商务的联合声明》,共同确认有意在世贸组织现有协定和框架的基础上,启动与跨境贸易有关的电商议题谈判。今后,中国将持续发挥制定多边电子商务规则的重要作用,坚持电子商务发展方向和开放过程,同时也加强各方在经济全球化进程中的信心。

二、国外跨境电商贸易便利化的经验启示与借鉴

（一）国外先进经验的启示

世界海关组织（WCO）成员倡议,加大信息与通信技术的开发和运

用,实现与快递公司、邮政经营者及其他利益相关主体的信息交换,以便更好地进行风险评估和缩短通关时间。实现快速便捷通关(即贸易便利化)与有效监管是西方主要发达国家跨境电商通关制度的相似之处。美国、澳大利亚、加拿大、欧盟等国家和地区的海关是当前具有相对比较完善的跨境电商监管机制地。欧盟成员国要求货物到达前进行信息交换以缩短通关的时间。在货物到境前,电子信息提前到达海关以便风险分析,在海关权限范围内,基于分析结果,对货物运输进行有效海关监管,包括货物件数、统计值以及商品描述的信息均需提交。同时,简化申报需要一个关于每批货物信息自动交换的新程序支撑,信息包括唯一的身份标识、收货人信息、货物价值及重量等。加拿大与澳大利亚等国和地区海关规定跨境电商进口根据进口商品价值与运输方式,适用不同的申报与通关程序。具体来说,澳大利亚采取的是正式申报、低值货物自评申报以及直接清关;新加坡采用的是正式申报与非正式申报相结合的做法;美国跨境电商进口申报与通关规定则根据不同的交易方式、货物价值与运输方式,将跨境商品的进口通关申报程序分为两种:正式报关(按照一般贸易货物正常申报程序)与非正式报关(只需提供货物的装箱单等部分资料即可快速通关)。而来自南美洲、中美洲以及加勒比海地区的国家,目前的做法则是对以电子方式提交的单据进行人工审查,若货物价值低于海关监管最低限度,则立即放行。

作为《贸易便利化协定》的签署国,中国应在协议的框架下大力提升贸易便利化水平,进而促进对外贸易快速发展。跨境贸易发达国家实施贸易便利化的启示如下:

第一,贸易通畅需要合理简化通关手续,缩短通关时间,提升港口效率,减少贸易成本,同时促进贸易流程和商品贸易种类的增加。实际调查结果表明,跨境电商的两个国家的贸易顺差水平与两个国家的出口额有正相关性,进一步表明贸易顺差可以促进跨境贸易。贸易便利化的进展是积极的,对国际出口贸易是有益的。

第二,在世界各国加速贸易顺遂发展的背景下,积极参加国际组织主办的相关行动,有助于国家改善本国贸易顺遂化水平,加强贸易顺遂化的国际交流与合作。这也有助于在贸易规则的制定中提升话语权,提高国家在世界贸易中的地位。

第三,国内外贸易顺差指数的比较研究结果表明,日本和新加坡在贸易顺差方面是世界上比较先进的,边境管理水平也在世界上处于领先水平。在这个领域,两国采用的电子通关等各种各样的措施取得了显著的成果。电子通关的实施目标涉及国境的制造商、交易商、监管机构、报关、运输和仓库保管,基本上包括进出口活动的所有方面,在实施过程中给予有效的法律保护阶段性的开发战略,使电子通关更加顺利,成功完成了系统和部门之间的组织和协调推进,加强了各种政府监管部门和企业之间的广泛合作,提高了进出口便利化水平。①

(二)中国提升跨境电商贸易便利化的建议

第一,加强促进跨境电商贸易便利化发展的基础设施建设。一个国家跨境电商贸易交易的基础设施是否完备是考核跨境电商贸易便利化水平的重要指标,跨越国境的电子商务交易伙伴也为促进交易提供了良好的交易环境。因此,中国政府需要加强跨国境电子商务基础设施的建设,更新和改善海关港的监视基础设施,开发和改善与经济发展兼容的物流系统,提高跨国境电子商务的便利化。目前,中国已开始形成跨国界的电子商务贸易便利化基础设施,除了已经构筑的硬件设备外,中国将逐渐向构建的信息管理系统添加智能处理功能。新加坡、日本在贸易便利化方面拥有世界先进的通信设施和交通工具,这些都是中国可以学习借鉴的

---

① 李茜:《贸易便利化对中国—中亚各国贸易影响的实证分析》,《中国市场》2015年第51期,第95—97页。

先进经验。①

第二,加强港口管理系统和海关系统改革。改善国境管理手续和有效的通关风险管理,可以提高跨国境电子商务的顺利程度。通关业务需要事先优化,单一窗口系统、税务会计系统、对象分类管理与上诉机制等进一步完善。推进海关监督与企业贸易之间的伙伴关系战略,实现有效的物流监督和指导,有效地为中国有利产业的出口提供通关手续。

第三,大力推进区域及世界跨境电商贸易便利化发展。根据京东大数据研究院发布的《2019"一带一路"跨境电商消费报告》数据显示,在"一带一路"建设背景下,通过跨境电商,中国商品销往俄罗斯、以色列、韩国、越南等100多个签署了共建"一带一路"合作文件的国家和地区,线上商贸范围从欧亚拓展到欧洲、亚洲、非洲多国。②大力推进区域跨境电商贸易与国际跨境电商贸易自由化有利于中国跨境电商贸易的中长期战略利益。因此,应重点支持多边跨境电商贸易体制的发展与完善,尽快实施《贸易便利化协定》的各项条款,积极推动全面的经济伙伴关系区域性协定谈判。进一步发展国际多边经贸合作,同时注意挖掘新的跨境电商贸易增长点,积极参与自贸区建设,减少跨境电商贸易的壁垒。

第四,中国应健全与跨境电商贸易便利化相关的法律法规。改进产品行业质量安全标准设定系统,制定符合生产、跨境电商、流通及其他链接的法律。中国需要尽快加强关税制度改革,简化复杂的关税,合理调整税收结构,确保政府税收,提高关税的有效保护率。同时,要密切关注贸易市场接入系统的变化,有效应对国际跨境电商贸易壁垒的产生。反对

---

① 张鲁彬:《贸易便利化与海关现代化互动关系研究》,《国际经济合作》2007 年第 12 期,第 29—31 页。

② 新华网:《电商平台助力 京东发布〈2019"一带一路"跨境电商消费报告〉》,来源于 http://www.xinhuanet.com/tech/2019-04/22/c_1124400390.htm,2020 年 2 月 15 日访问。

跨境电商保护主义的任何形式,促进建立超越技术壁垒、知识产权保护、绿色壁垒等新国境的防范机制和电子商务保护主义评价系统。

中国是跨境电商贸易大国,作为《贸易便利化协定》的签署国,应在协议的框架下大力发展提升跨境电商贸易便利化水平。目前,跨越世界各国国界的电子商务贸易合作越来越紧密,具有很强的互补性和竞争力。随着经济全球化和经济发展的不断深化,中国需要进一步改进相关政策以促进贸易的顺利进行,同时,简化通关手续,扩大市场准入范围。跨境电商贸易将促进相关的通信基础设施,运输和商业环境的改善。因此,中国应提高工作质量和效率,提高贸易顺差水平,促进跨境电商和经济合作的健康和迅速发展。

第三章

跨境电商税收制度比较研究

美国、欧盟、澳大利亚等国家和地区跨境电商起步早,在跨境电商税收征管政策制定方面存在很多值得我们借鉴的地方。除此之外,面对迅猛发展的跨境电商,一些发展中国家也结合自己的国情,制订了一系列的税收政策。与我国一样,印度也属于发展中国家,处在类似的发展阶段,具有相似的人口规模,其独特的跨境电商税收政策对我们也有一定的参考价值。跨境电商天然具有多边属性,研究其他国家的跨境电商税收制度,对建立健全我国相关的制度体系具有重要的意义。

第一节　典型国家跨境电商税收征管制度

一、美国跨境电商税收征管制度

美国作为全球跨境电商交易的最大出口国,属于 WTO 框架下的免税派,其跨境电商交易税收征管方面处于先进行列,存在很多值得借鉴的地方。

早在 1995 年,为了对尚处于萌芽阶段的电子商务行业进行更全面、更有效的管理,美国政府集合多个联盟机构,共同组成了电子商务管理部门,专门研究并制定美国的电子商务税收政策。

1996 年,在前期工作的基础上,美国政府发布了《电子商务税收政策》文件,对包含跨境电商在内的整个电子商务行业的税收工作进行统一规范。这份文件也是世界上第一部专门针对电子商务发布的税收指导文件。该文件中的条款体现出了美国政府对待电子商务这一新兴事物的

"中立态度"，即只着眼于局部电子商务的"本质"来征税，不论你是在哪里交易，跟谁交易，采用哪种方式进行交易，政府对它的税收应该是一样的，从而避免了政府的税收流失。

然而，到了克林顿出任总统时期，美国政府看到了电子商务的发展潜力，对其态度也从之前的"中立"变为了"积极鼓励"，希望能够采取一系列的措施来促进电子商务快速发展，进而引领世界潮流。因此，美国政府颁布了《全球电子商务框架》(A Framework for Global Electronic Commerce)。1998年，美国发布了《互联网免税法案》。该法案将跨境电商定义为一种世界性的交易行为，并认为每个国家都应该持免征关税的态度，让跨境电商在没有贸易壁垒的国际环境中成长。在颁布之初，这部促进跨境电商发展法案的有效期原本只有3年，但在随后进行了多次的修订和期限延长，美国政府对电子商务的免税态度也一直延续至今。

2008年，席卷全球的"次贷危机"爆发，这同时也成为美国经济发展的拐点，大量企业倒闭、金融机构破产，国内失业率显著上升，这严重影响了美国各级政府的财政收入。一方面，在金融危机期间，美国政府需要更多的资金来救济金融机构，为经营困难的企业提供资金支持，为失业人群提供生活补贴；另一方面，电子商务经过十余年的蓬勃发展，已经在社会商业活动中占据了相当大的比例，如果继续实行之前的免税政策，将会给各级政府造成大量的税源流失。因此，一些州政府为了确保自身的财政收入，开始尝试对电子商务企业征税。美国的电子商务市场一直被亚马逊所垄断，因此它也成了美国早期对电子商务免税政策最大的受益者，并逐步从一家小书店发展成为市值超过万亿美元的互联网巨头。所以，对电子商务征税，基本就是对亚马逊征税。2009年12月，美国纽约州率先通过了《电子商务法案》，开启了亚马逊税的征收。

在亚马逊税的征收细节方面，美国主要根据商品的价值将其分成三类，并分别采取相应的监管和税收征收方式。第一类，如果购自境外的商品金额低于2 500美元,则可以采取相对便捷的"非正式"程序报关,按照商品的种类征收相应的关税后立即放行通过。第二类,如果购自境外的商品价值低于200美元,则无需任何报关程序直接通关,也不需要交税,但是海关工作人员会按照一定比例进行随机抽查,确保商品的价值符合相关限制规定。第三类,对于价值超过2 500美元的高价值商品,则应办理正式的报关手续。而且,报关商品还分为"商业目的"和"非商业目的"两种。"非商业目的"适用前述分类和通关方式,而"商业目的"的物品则会按照另一套标准进行关税的征收,其关税起征点会明显低于"非商业目的"的物品。对于电子书籍、电子音乐、数字格式存储的电影等数字资料,美国将其定义为"无形商品",因为它们可以通过互联网便捷地传播,对其进行征税难度很大,因此美国政府对其实行免税政策。而在进口方面,不论商品是通过传统方式还是网络方式达成交易,美国政府的规定是统一的,即按常规模式在海关办理正常的入境手续。

从美国对跨境电商交易的税收态度来看,其要点和先进之处主要体现在以下几个方面:

第一,对于跨境电商交易中最常见的实体商品部分,其相关税收政策与现有税收体系中的规定保持一致;

第二,对于数字产品在跨境电商交易中的税收征管存在诸多模糊地带和巨大争议。对于这部分交易,美国为了鼓励其发展,免征数字产品交易中的关税和销售税;

第三,作为跨境电商贸易大国,为了在国际贸易中取得更多优势,对于关税和国内税两方面,美国给予了极大的优惠。

总体而言,美国通过网上贸易免税政策,鼓励并促进电子商务企业的发展。同时,为了扩大本国的经济输出优势,美国大力鼓动其他国家和经济组织,同样对网上贸易实行免征关税制度。除此之外,美国还鼓励其他国家通过补充税法具体细则或者参照已有制度的形式来对跨境电商交易进行征税,而不是创立新的税收制度。

二、欧盟跨境电商税收征管制度

欧盟在电子商务方面的发展比较成熟,同时随着欧盟内部各个国家经济合作的不断深入,也为其跨境电商的发展提供了强力支撑。在对待跨境电商税收政策方面,欧盟不同于美国提倡免除相关税收的态度,而是认为应该坚持中性的原则,欧盟认为开征新的税种不切实际,但可以从完善现有税法的方面对相关税收进行控制。欧盟针对跨境电商出台的相关税收政策主要如下:

2008 年 2 月,在欧盟例会上,欧盟增值税改革方案获得通过,该草案规定欧盟各成员国的跨境电商交易等经济活动的增值税由消费地所在国征收。

2015 年 1 月 1 日起,欧盟对数字产品、数字服务等通过互联网传播的交易物品按照消费者所在欧盟成员国的增值税率正常增税。

2015 年 5 月 6 日,欧盟通过了"单一数字市场"战略。这一战略的实施,不仅能够使欧盟在全球市场上保持竞争力,同时能够成功地应对跨境电商所带来的多重挑战。

2017 年 12 月 5 日,欧盟针对跨境电商行业发布了专门的增值税征收法案,并计划分为以下两步实施:

第一步,从 2019 年 1 月 1 日起,对欧盟内部各成员国消费者所购买的数字产品、数字服务按照简化程序征收增值税,并设定跨国征税的起点门槛为 1 万欧元,同时还对发票的形式进行了相应的规范。

第二步,从 2021 年 1 月 1 日起,对欧盟外部输入的跨境货物开始采取新的税收政策,主要包含以下三个方面:

(1)将欧盟现有的"一站式"征税的使用范围扩大到所有通过网络销售至欧盟地区的各类商品和服务。卖家只需要在任意欧盟成员国注册,就可以在注册地办理全部销售商品和服务的增值税缴纳工作,而不需要根据所销售商品和服务的目的地国家逐次办理相关的税务手续,这样可以极大减轻卖家的税务成本和相应费用。

(2)对于非欧盟电商平台所销售的商品和服务,由该在线交易平台负责向欧盟申报并交纳所售商品和服务的增值税。最初的改革计划并不包含此项措施,但由于亚马逊等非欧盟电商平台在欧盟地区所销售的大部分商品和服务都没有交纳相应的增值税,使欧盟内部的电商企业在竞争中处于不利地位,因此后来增加此项措施进行平衡,并希望能借此规范非欧盟电商的经营行为,减少逃税问题。

(3)取消低价值商品的增值税豁免政策。对于购自欧盟以外地区且价值低于22欧元的商品,欧盟之前一直施行免税政策,但在施行过程中,很多商家会采取化整为零、拆大为小的方法来免交税款,导致该项政策被滥用,同时也使欧盟内部的电商在竞争中处于不利地位。此后,凡是通过网络交易平台从非欧盟地区销往欧盟地区的货物,如果商品价值不超过150欧元,仍需由电商平台来交纳增值税。

三、澳大利亚跨境电商税收征管制度

澳大利亚的跨境电商发展较快,近期调查显示,其超过80%的消费者通过跨境电商购买过商品,远超全球平均的51.2%;同时,澳大利亚政府的跨境电商税收政策也调整得较为及时。[①]

澳大利亚在流通环节征收货物和劳务税(Good and Service Tax,以下简称GST)。该税与我国的增值税相似。GST的征收范围非常广泛,几乎涵盖所有的货物及服务销售(金融活动除外),并且税率统一规定为10%。

---

① 艾媒报告:《2019全球跨境电商市场与发展趋势研究报告》,来源于 https://www.iimedia.cn/c400/64031.html,2019年4月4日访问。

澳大利亚政府于2019年出台了一系列与跨境电商有关的税收政策，主要如下：

第一，引用税收目的地原则，对购自境外的服务征收10％的货物及劳务税。从2017年起，该税的征收范围进一步扩大，所有从境外向澳大利亚消费者提供的服务和数字产品都需要交纳该项税款。

第二，根据税收目的地原则，对出口到境外的数字产品和服务免征货物和劳务税。并且，为了鼓励数字产品和服务的出口，澳大利亚相关税法还规定，数字产品和服务的出口不仅免征销项税，还可以抵扣企业的进项税。

第三，对进口服务产品征收10％的货物及劳务税。从2016年10月1日开始，澳大利亚对境外输入的由境内企业购买的数字产品及服务征收10％的货物及劳务税，并且从2017年7月1日开始，澳大利亚对境外输入的由个人购买的数字产品及服务也开始征收10％的货物及劳务税。

第四，取消进口低价值商品免税政策。从2018年7月1日起，对于价值低于1 000澳元的进口低价值商品，上述税收条款也开始适用。

在上述政策中，澳大利亚政府对于跨境电商纳税人的定义主要指年销售额达到7.5万澳元的企业，这是货物及服务税的交纳门槛。符合条件的跨境电商纳税人主要分为以下三类：

第一类：销售低价值商品、服务以及数字商品的跨境电商。

第二类：通过在线的方式帮助跨境电商销售低价值商品、服务以及数字商品的跨境电商运营平台企业。

第三类：为跨境电商提供服务的第三方物流企业，它们将跨境电商平台销售的各种低价值货物运送到境内购买者手中。

上述三种类型的跨境电商纳税人都必须履行共同的纳税义务，主要包括：

首先，通常情况，由跨境电商平台运营商负责对其销售的数字产品、数字服务和低价值商品向消费者收取相应金额的货物及劳务税并转交给澳大利亚政府税务部门。

其次,如若跨境电商运营商和跨境电商卖家都不负责将所销售商品运送至澳大利亚境内,那么负责货物在境内运输的第三方物流企业负责向消费者收取相应金额的货物及劳务税并转交给澳大利亚政府税务部门。

四、俄罗斯跨境电商税收征管制度

俄罗斯幅员辽阔,是世界上面积最大的国家,同时也是我国"一带一路"倡议的重要国际伙伴。近年来,俄罗斯的跨境电商行业蓬勃发展,众多中国的跨境电商企业纷纷去俄罗斯拓展业务,广大俄罗斯消费者也通过各种跨境电商平台,从中国购买价格低廉的产品。

为了规范跨境电商行业的发展,并确保政府税收的稳定,2017 年 11 月 24 日,俄罗斯联邦政府出台政策,从 2018 年 7 月 1 日起,凡是从境外购入的跨境电商产品,都必须在包裹上提供境内购买者的税号和商品网址,以核实商品的价值信息,否则俄罗斯海关将不予放行,并将包裹退回给境外发货人。俄罗斯海关将根据包裹上的网址对商品的价值、重量等信息进行抽查,以确认其是否符合俄罗斯的免税标准。当前,俄罗斯居民每月享有总价值不超过 1 000 欧元、总重量不超过 31 公斤的境外商品免税额度。

据有关报道,该项政策出台以后,大量购自中国的跨境电商包裹滞留在俄罗斯海关,无法出关,给俄罗斯的跨境电商行业和境内消费者带来显著影响。①出于维护税收的考虑,俄罗斯政府将之前居民每月享有的 1 000 欧元免税额度,在 2018 年削减到 500 欧元,并在 2019 年进一步削减至

---

① 搜狐网:《解读! 俄罗斯收紧跨境电商政策》,来源于 https://www.sohu.com/a/273109094_100166736,2019 年 2 月 4 日访问。

200 欧元,凡是超过该限额的商品,都需要向海关交纳商品价值 30％的进口关税。

五、印度跨境电商税收征管制度

与发达国家的经济发展水平相比,发展中国家还存在一定的差距,所以在跨境电商税收问题上,需要考虑的因素很多,主要包含以下两点:

首先,如果对跨境电商企业征税,可能会增加企业的负担,从而抑制跨境电商的健康发展。

其次,如果对跨境电商企业不征税,会对传统贸易方式造成不利影响,引发不公平竞争,同时也会对缩小国家的税基,减少国家的税源。

相对于在跨境电商领域具有先发优势的发达国家而言,广大发展中国家普遍希望对跨境电商正常征税。既能实现对境内外企业的公平对待,又能维护政府的税收来源。印度作为发展中国家的代表,在对跨境电商征税问题上已经取得了一定的实践经验。

早在 1999 年,印度政府就颁布了电子商务的税收政策规定,坚持在原有税制的基础上实现对电子商务的税收征管,在跨境电商税收领域,印度政府坚持"属地原则",即收入来源地原则,对外国公司在境外使用计算机网络系统向印度境内销售商品或服务,由印度公司或居民支付的款项均视为来源于印度境内的收入,征收预提税。

印度在商品出售、商品使用权的转移等环节征收销售税(现为增值税),"商品"包含流动资产、版权、商标与专利等无形资产,国际销售税作为中央销售税(CST)由中央政府征收,而州内销售税被称作地方销售税(LST/VAT)由有关州政府征收,税率分为 0％、1％、4％和 12.5％四档。

2018 年 10 月,针对亚马逊这样的跨境电商巨头,印度政府出台了一项"源头税"。按照该项规定,境外电子商务网站在印度境内的每一个邦分别注册并缴纳商品及服务税。此外,印度于 2019 年 2 月份发布的电子商务政策草案更进一步对境外输入的跨境电商平台销售商品包装提出明确要求,若有公司企图通过将"商品"包装为"礼品"来避税,他们的手机App就有可能在印度被禁止下载安装。

印度之所以主张对跨境电商进行征税,主要从两个方面考虑:既能增加政府的税收收入,又能保护并促进本国电子商务的发展。同时需要看到,印度作为跨境电商净输入国,如果再对跨境电商采用免税政策,势必将拉大与发达国家间的差距。

六、国际跨境电商税收征管经验

通过对以上国家及组织对跨境电商税收征管政策的分析,可以看出:由于在跨境电商领域具有先发优势,为了进一步在该领域取得主导权并抢占发展中国家市场,发达国家普遍倾向于对跨境电商行业施行较为宽松的税收政策。但是,同时也应该注意到,即使在发达国内之间,它们对跨境电商的态度也是存在差别的。从目前的来看,主要可以分为两大派别:

一是以美国为代表的免税派。美国是世界上最早发展电子商务的国家,其亚马逊、eBay等企业早已发展为跨境电商巨头,垄断了全球大部分的跨境电商份额,如果对跨境电商行业施行较为宽松的政策,最大的受益人将是这些美国企业。但是从近年来的发展趋势看,美国对电子商务免税的一贯态度开始有所动摇。

二是以欧盟为代表的征税派。与美国相比,欧盟的跨境电商行业发展相对落后,因此希望通过征税来促进自己的跨境电商企业发展。即使是在欧盟内部,各成员国之间的发展水平也存在较大差别,相对落后的大部分成员国也不愿意被少数先进成员国所主导,因此也倾向于将跨境电商行业按照普通的增值税体系进行纳税。

与欧美发达国家相比,广大发展中国家不仅经济基础较为薄弱,企业相对弱小,跨境电商行业的发展也相对落后,而且大部分发展中国家在跨境贸易中长期处于贸易逆差地位。如果对跨境电商商品实行免税,那么一方面不利于国内跨境电商企业的发展,另一方面也会造成政府税收的大量流失,影响国家财政收入。

我国可以从中汲取以下几个方面的经验和借鉴:

第一,对跨境电商的税收管辖权需要进一步明确。当前,我国作为跨境电商的净进口国,确立以目的地原则为准的消费地税收管辖权作为征税范围,既有利于维护国家税收权益,也能够促进国内电子商务行业健康可持续发展。

第二,要对数字产品和服务进行明确合理的定性分类。到底是按照货物还是劳务,抑或按照现代服务业来定性分类?这在我国当前全面推行"营改增"的过程中显得极为重要,因为直接关系到其征收税率的高低。

第三,要选择具有一定合理性和可行性的税收征管模式。一方面要具有可行性,符合我国基本国情、技术条件和国家利益;另一方面要坚持公平原则和效率原则,尽量不影响市场主体的经济行为,同时尽量减少纳税主体的纳税成本和税务机关的征税成本。

第四,完善相关协议政策,尽量避免税收流失。美国在跨境电商交易中的反避税制度方面处于先进行列,如预约定价制度与限制资本弱化制度等,值得我国借鉴。

尽管当前世界各国在经济发展水平、互联网普及程度、跨境电商发展水平、税收制度等方面都存在差异,但相同的是各国的跨境电商行业都在向前发展。由于跨境电商行业天然具有多变属性,因此单靠一两个国家是难以定义行业规则的,需要全世界大多数国家来形成共识,共同制定可以广泛接受、反映多方利益诉求的规则。这需要相关国际组织的积极参与,发挥自身的桥梁纽带作用,协调各国的利益和立场,寻找共同方案来应对共同的挑战,争取对跨境电商行业形成统一的税收征管规则。

七、国际跨境电商税收征管所面临的挑战

跨境电商,特别是 B2C 和 C2C 的交易方式给政府和商业界提出许多新的挑战,这些挑战要求包括海关在内的各利益相关方提出综合性的解决方案,以此来管理不断增长的交易量,克服全球标准缺失所带来的问题并提示关联的风险以适应快速演变的贸易环境。最近,研究领域对全球电子商务的兴趣增加,逐渐可以识别阻碍电子商务运行的主要障碍,为了了解这些问题,现把问题分为技术、政治、文化、经济和法律五个方面。其分别如下:

(1)技术方面。技术问题包括诸如电信链路不足、硬件和软件不兼容、缺乏通用通信协议和安全问题等因素。由于在各国建立的技术基础设施具有差异,东道国和中间商的业务流程需要在技术层面系统地整合。

(2)政治方面。政治问题涉及诸如政府对外资企业的政策、法规和公众的态度、电信基础设施的使用和所有权、通关和金融支付交易。

(3)文化方面。文化因素,特别是语言,是电信网络扩张的关键,也是全球电子贸易的关键。

(4)经济方面。参与国的经济环境会影响全球电子商务的接受和使用程度,一般经济因素,如通货膨胀率、货币兑换和税收法律以及物流和配送基础设施的可用性在跨国贸易中发挥主要作用。

(5)法律方面。为了在全球开展电子商务,需要建立一个有效的法律机制来解决各种法律问题,例如围绕知识产权和内部跨境数据流的法律问题。

在技术、政治、文化、经济和法律问题中,电子商务中的税收损失问题是其中的关键问题。

八、国际跨境电商税收案例分析

当前的国际税制和跨境电商市场的适配性较低,主要是因为两者的工作设定不同、视角不同、指导理念也不同。国际税制与电子商务间的兼容性缺失，使得全球电子商务的税收出现了巨大的问题。以一个中国消费者为例，一天他浏览了亚马逊网站并从上面购买了一本英国作家写的硬拷贝类书籍（注：印刷在纸张上的书籍为硬拷贝，显示在屏幕上的书籍为软拷贝），这本书贮存在亚马逊德国仓库并由其提供配送服务。除此以外，他还购买并下载了一位加拿大作家的电子书，并且与亚马逊达成了为期三个月的订阅协议。在此期间，他有权下载亚马逊上的任何电子书、音乐文件以及软件，同时，他还获得了他所下载使用的电子产品为期一年的使用说明及售后服务。

很明显，在这个例子中，亚马逊是通过售卖硬拷类书籍来获取商业收入，但这收入是否源自电子书的收入交易或认购交易尚不清楚，是贸易还是服务也尚未明确，这可能会对税收产生一定的影响。由于电子商务开启了一种环状的交易方式、交易构思以及交易模式来做生意，其交易的收入分类，尤其是这无形的收入分类越来越具有挑战性。收入分类的挑战确实是存在的，并且不管电子商务如何发展，它都将继续存在和扩大。然而，电子商务加剧了这种挑战。

首先，在这种情况下，公平合理的税收来源尚不清晰。

其次，来源国的确定也具有挑战性，因为收入是依赖于几个地方，硬拷贝交易联系着美国、英国、德国和中国；电子书交易联系着美国、加拿大和中国。认购交易联系着美国和中国。每一次交易中，来源国的确定都不是简单便捷的。

最后，即使这些问题都得到解决，收入来源国也被确定了，我们还是不能明确而又规范地认为税务管辖权是公平有效的。举例来说，如果亚马逊只在同美国的交易中纳税，那么在 21 世纪的今天，还是不能算作是一种公平而有效的分享税收这块蛋糕的方法。广义来说，电子商务对当前源规则的概念、实际运作以及原则规范来说都是一种挑战。

通过第二个例子来对这种挑战进行进一步阐述:中国代购通过在交易网站上同世界各国人民进行买卖交易获得可观的收入。在这个例子中,代购应该向中国税务支付他的收入税,也有争议说,他也应该向其他司法管辖区交税。然而,主要困难就是代购交易代码的执行。税务部门面临的巨大困难就是调查代购在网上的交易记录及利润时,并没有可行的方法来计算代购的真实收入。在很多情况下都存着执法困难和逃税的问题,但电子商务的逃税更加广泛和容易,并且数量更大。Melnik 和 Alm(2005)从税源海关监管角度进行研究,并对来自 eBay 的约 7 000 个个人卖家和 9 300 个买家的 21 000 条销售记录进行了调查,发现就整个 eBay而言,卖家的纳税遵从度相当低。越是新进入的卖家,越不愿意就其销售进行纳税申报。在现行税收管理体制下,对数量庞大的小规模从业者,政府缺乏有效的税源监控手段,导致税收不断流失。Ballard 和 Lee(2007)研究了电子商务对美国销售税造成的冲击,指出在美国现行销售税征收体制下,居民向外地企业购买更容易逃避销售税,且销售税率与居民的在线购物概率存在显著的正相关。他们认为,本地销售税的税率越高,居民就越倾向于通过在线购物逃税,由于销售税只能面向本地居民的购买行为进行征收,各州在缺乏协作机制的情况下,无法对跨地区交易进行有力的税收征管,然而,尽管 2002 年就有了销售和使用税协定,理论上州政府之间应能通过相互合作对在线销售征收销售税,但目前仅半数州政府落实了此项新政。有研究表明,2011 年电子商务造成的美国销售税流失已达 500 亿美元。①因此,在跨境电商中,海关对税收的海关监管就显得尤为重要。Han(2018)认为对于中国的电子商务活动,是否存在税收损失以及税收损失的规模是多少? 中国电子商务税收亏损的主要原因是什么? 这些问题被认为是电子商务发展和国家税收征收的巨大挑战。他用 2004

----

　　① 雨果网:《关于美国电商销售税的所有真相》,来源于 https://www.cifnews.com/article/31237,2019 年 3 月 9 日访问。

年至 2017 年电子商务交易季度数据,通过税收损失率估算中国电子商务税收损失情况,实证结果表明,中国每年的电子商务税收损失规模都在急剧扩大。特别是 2017 年,中国电子商务的税收损失率约为 14.62%,电子商务税收损失总额约为 4.26 万亿元,占中国实际税收收入的 29.52%。Han(2018)同时使用混合策略纳什均衡的分析方法评估信息不对称对电子商务税收损失的影响。由于第三方信用信息平台不完善,信息不对称使得电子商务税务机关税务审计的有效性和电子商务纳税人的无形完整性收入(逃税的机会成本)降低,这是电子商务税收亏损的主要原因。

电子商务交易的税收征管难题不仅来源于那些故意绕开法律的企业或纳税人,也来源于遵从法律的企业。例如,谷歌在其网站上宣布说:"谷歌的使命是整合全球信息,使人人都可访问并从中受益。"谷歌从发布全球性广告中获得了数十亿美元。谷歌的财务信息表明,谷歌的国际营收比例越来越大。但这些收入都是如何征税的? 这是个难以回答的问题,难以对谷歌的收入进行归类。在全球范围内,通过点击鼠标来产生收入的收入来源国是很难确定的。共享税务蛋糕给谷歌带来了极大的问题:因为超过一半的收入都来源于国际,由此谷歌并没有真正向非美国政府纳税。然而,更重要的是谷歌国际收入中的有效税率为 2.4%。这是因为谷歌采用了激进的税务规划策略来降低其有效税率。谷歌的战略依赖于"转让价格"的做法,并同低收入司法管辖区和条约相结合。这些策略适用于所有企业,但是对于像谷歌这样的电子商务企业来说,更加适用和更具价值性。

九、国外跨境电商税收发展动态

在学术层面,税收文献中已经讨论了许多建议来应对挑战。Hale 和 Mcnea(2011)认为自互联网出现以来,美国州政府一直面临着技术变革力量与治理和管理基本决策之间的平衡。他们的研究考察了电子商务与国家预算和销售税收入之间关系的平衡。根据 2002 年的简化销售税项目

(SSTP)和使用税协议,各州可以相互合作,对互联网销售征收销售税,但只有约一半的征收销售税的州已启动此政策。Zeng 等(2012)认为电子商务作为社会经济的一项新的重要活动,不仅可以为经济增长创造机会,还可以为传统的税收征管制度带来巨大挑战。他们发现中国电子商务税收征管过程中存在许多问题,包括法律体系不完善、税基计量困难、税收对象不确定等,他们从相关的法律法规中给出了几个发展战略,包括电子商务税收、税收管理模式、国际电子商务标准和税收征管信息化。同时,还有学者提出了一体化适应模式,要求当前的国际税收制度以一种综合性的方式与网络空间等领域相适应,从而来应对电子商务税收问题以及互联网法律问题。就中国的情况而言,Azam(2013)认为中国首先可以将现行税收规则应用于电子商务的收入和增值,但这种方法可能会损失潜在的税收收入,中国正在引入电子商务的特殊税收规范以缩小差距。与此同时,在不同发达国家的税收制度管理中使用技术已经取得很大进展。

除此之外,一些国际组织也纷纷在电子商务税收、数字化服务市场准入、跨境数据流动、信息安全等领域积极开展研究,探索建立适应网络经济发展的国际规则体系,为各国电子商务立法衔接与规则统一提供框架体系。联合国贸易法委员会(UNCITRAL)1996 年通过了《电子商务示范法》,2001 年通过了《电子签名示范法》,2005 年通过了《电子合同公约》,2016 年通过了《关于网上争议解决的技术指引》,目前正在制定《电子可转让记录示范法》;世界贸易组织(WTO)成员自 1998 年开始讨论电子传输及数字化产品的世贸规则如何适用等问题,目前就通过电子方式传输临时性免征关税达成一致;经济合作与发展组织(OECD)1998 年发布《关于电子商务中消费者保护指南》《电子商务税收政策框架条件》。当前正在推广《OECD 电子商务行动计划》,该行动计划主要包含个人隐私保护、消费者保护、电子身份认证、基础设施使用以及税务中性(确保各国不对电子商务歧视征税)等内容。

在国家层面,政府和税务机关对电子商务税收的相关问题进行了研究。一般来说,各国政府纷纷采用现行的税法对电子商务进行了一些调整,并加大了税收制度的执法力度和执法技术的应用力度。例如中国等国家,政府已经在税法方面做了一些潜在的调整来应对电子商务的挑战。

尽管人们就跨境电商的税收问题进行了大量又激烈的讨论,但迄今为止似乎并没有得出正确答案。Bjorklund(2017)认为电子商务改变了消费者、企业和美国各州之间的关系。电子商务平台卖家无需向其客户征收销售税,这既减少了很多州的税收来源,又为亚马逊等电商平台提供竞争优势。针对这一不公平现象,国家立法者和实体商业支持者试图出台电子商务销售税政策。2008年,纽约州率先通过立法对电子商务平台的货物销售征收销售税,并有一系列立法随之而来。在2008年至2012年间,先后有14个州通过了类似的法案,对跨境电商平台的销售活动征收销售税。

国际税务体制仍然在努力向跨境电商征税。经合组织所作的改变并没有解决面临的这些问题,经合组织的做法是非常有限的,而且是一种微弱的政治妥协。目前,是否有一套完整又真实的税收体制来向对非电子商务那样对电子商务的收入征收课税还尚不清楚,此问题依然存在并且需要不同的解决办法。

近年来,跨境电商作为新型产业的代表在全世界出现井喷式发展,正在改变着世界贸易的格局。Ghorbani和Bonab(2013)探讨了跨境电商与全球化之间的关系,研究认为跨境电商与全球化之间有密切的关系,跨境电商甚至可能改变全球化进程的性质。

第二节　我国跨境电商税收制度

一、我国跨境电商税收政策演变历程回顾

跨境电商的高速发展已经成为推动我国外贸增长的新引擎,实现传统外贸转型升级的关键因素。政府为保障跨境电商健康可持续发展制定了一系列政策措施，这些政策的实施为跨境电商发展创造了便利、快速、规范的社会环境。根据现有跨境电商政策文件，以政策主要内容、特征表象为依据，可将其演化过程划分为三个阶段：一是萌芽阶段（2008—2012年），该阶段跨境电商发展并没有引起政府的重视，仅有少量政策文件涉及跨境电商。二是探索阶段（2013—2016年），该阶段国家主要采取试点方式探索建立跨境电商政策制度和规则，颁布了一系列以跨境电商为主题的政策文件。三是过渡阶段（2017—2019年），该阶段侧重于对上一阶段颁布的政策文件进行修正与完善，是由探索阶段向成熟阶段转变的过渡阶段。

（一）政策萌芽阶段（2008—2012年）

在这一阶段，跨境电商发展刚刚起步，跨境电商交易额占贸易总额的最大比重仅为8.6％，并未引起政府部门的重视。由于政府对跨境电商的重视不足，针对跨境电商发展制定的政策措施也较少，仅在以促进电商发展、国家电子商务示范城市建设、外贸稳定增长等为主题的政策文件中有所提及，尚无专门针对跨境电商发展制定的政策文件，所以将这一阶段划分为萌芽期。

这个阶段，跨境电商政策的重点内容是在建设国际电子商务中心、鼓励电商企业"走出去"、培育跨境电商相关平台等方面。其中，在国际电子商务中心建设方面，主要由国家发改委牵头，制定了《前海现代服务业总体发展规划》《横琴岛总体发展规划》《2008—2020珠三角地区改革发展规划》等诸多政策，将建设国际电子商务中心作为珠江三角洲、横琴、前海深港等地区的改革发展规划内容，此时建设国际电子商务中心的地区也较为局限。

为了鼓励境内跨境电商企业能够更好地"走出去"，2011年3月，国家发展和改革委员会、商务部、财政部等部委联合发布了《关于开展电子商务示范城市创建的指导意见》，该指导意见提出要鼓励电子商务企业同时拓展国内、国际两个市场，能够通过行业的发展，不断促进经济发展方式、人民生活方式的改变，并进一步促进政府管理服务效能的提升。值得注意的是，该指导意见首次将促进电商"走出去"纳入国家电子商务示范城市建设的总体目标。随后当年 10 月，商务部颁布的《"十二五"电子商务发展指导意见》给出了电商贸易总额的具体发展目标，即"到 2015 年，应用电子商务完成进出口贸易额占我国当年进出口贸易总额的 10% 以上"，并为鼓励企业应用电子商务开拓国内外市场提出了"促进产品、服务质量提升和品牌建设"等发展方向。在培育跨境电商相关平台方面，一方面是支持地方建设"单一电子窗口"平台，继而提高对外贸易监管效率，另一方面培育若干个技术力量强、信誉好、多语种的跨境电商平台。2017 年 3 月，商务部出台《关于利用跨境电商平台进行对外贸易的意见》，该意见着眼于对外贸易，希望境内企业能够充分利用跨境电商平台，不断拓展新的外贸市场，进一步丰富对外贸易品种，进一步扩大对外贸易规模，进一步优化对外贸易流程。与此同时，该意见还对企业利用跨境电商平台开展对外贸易的监管方式和监管流程作了相应的原则性规定。由此可见，这一阶段制定的政策内容较为宽泛，并未涉及跨境电商相关的规章制度、标准体系等具体内容，且政策的可操作性较低。

（二）政策探索阶段（2013—2016 年）

在传统外贸增长缓慢的情况下，2013 年跨境电商交易额以 52.38% 的水平增长，对外贸的贡献率高达 10%，且呈现持续高速增长之势，成为外贸增长的新引擎，从而引起政府部门的高度重视。此时，跨境电商正处于发展的初期阶段，各项配套政策措施尚未制定，使得通关效率低、运营成本高、行业规范不统一等问题层出不穷。为保障跨境电商健康发展，政府开始探索制定适应跨境电商发展需求的政策体系,所以本书将这一阶段划分为探索阶段。具有代表性的政策文件是,2013 年 8 月,商务部、发展改革委、财政部、中国人民银行、海关总署等八部委联合出台《关于支持跨境电商零售出口相关政策的若干意见》(以下简称《意见》),旨在充分利用跨境电商平台,促进我国对外贸易的转型升级,为各类跨境电商相关企业的发展指明了方向。随后,各大部委根据《意见》要求也相继出台相应的配套政策措施,这些政策深入到跨境电商的方方面面,从跨境电商总体制度到跨境电商环境建设,从跨境电商综合试点方案到跨境电商具体监管细节,包含税收、支付、通关、质检等多个方面的内容。

在税收方面,对跨境电商零售进口实行税收优惠政策,而对其出口由适用行邮税转换为跨境电商综合税模式。结合政策文件可知,2013 年 12 月和 2016 年 3 月,财政部和税务总局先后颁布《关于跨境电商零售出口相关税收政策的通知》和《关于跨境电商零售进口相关税收政策的通知》,分别对跨境电商零售出口和跨境电商零售进口相关税收政策进行说明。上述文件主要包含两点内容:

第一,对跨境电商零售出口所享受的税收优惠政策做了进一步的明确。

第二,对于跨境电商零售进口商品,不再按之前的个人物品性质征收行邮税,而是按照普通货物的性质征收关税、消费税和进口环节税。

除此之外,上述文件还显著地将单次交易的限制额度提升至 2 000 元人民币,并且个人年度的进口限额也相应提升至 20 000 元人民币。

随后,为了落实上述跨境电商零售进口、出口相关税收政策,财政部等部门于 2016 年 4 月颁布了《关于公布跨境电商零售进口商品清单的公告》和《关于公布跨境电商零售进口商清单(第二批)的公告》,这两份公告指出,跨境电商进出口税务相关新政策的适用范围仅限于清单目录内的商品,而目录以外的商品则不适用相关政策。

政策法规	颁布时间	主要内容	发文单位
《关于跨境电商零售出口税收政策的通知》	2013 年 12 月	对利用跨境电商平台进行出口的境内企业所使用的消费税、增值税相关免税政策做了进一步明确	财政部、国家税务总局
《关于跨境电商零售出口税收政策的通知》	2016 年 3 月	对于跨境电商零售进口商品,不再按之前的个人物品性质征收行邮税,而是按照普通货物的性质征收关税、消费税和进口环节税;单次交易的限制额度提升至两千元人民币,并且个人年度的进口限额也相应提升至两万元人民币	财政部、海关总署、国家税务总局
《关于公布跨境电子商务零售进口商品清单的公告》	2016 年 4 月	发布跨境电商零售进口商品目录清单,清单内商品的进口适用跨境电商相关税收政策,清单以外商品则不适用相关税收政策	财政部、发展改革委、工业和信息化部、农业部、商务部、海关总署等 11 个部门
《关于公布跨境电子商务零售进口商品清单(第二批)的公告》	2016 年 4 月	公布第二批跨境电商零售进口商品目录清单,对第一批商品的范围进行了扩大	财政部、发展改革委、工业和信息化部、环境保护部、农业部、商务部等 13 个部门
《关于明确跨境电商进口商品完税价格有关问题的通知》	2016 年 7 月	对完税价格、优惠促销价格和运费、保险费的认定原则进行说明	海关总署

（三）政策过渡阶段(2017—2019 年)

2018 年 8 月,第十三届全国人大常委会第五次会议通过了《中华人民共和国电子商务法》,该法律的出台,对电子商务经营者所享有的权利和应履行的义务在法律层面做了明确的规定,表明跨境电商发展必须合法合规,这就要求政府部门首先需要建立完善的规章制度。虽然经过上一阶段跨境电商政策的逐步探索,已经初步建立跨境电商政策体系,但这一政策体系的规章制度仍较为粗糙,无法为跨境电商发展提供系统监管,导致跨境电商市场仍然存在逃税避税、涉嫌走私、假货盛行、私下交易、侵犯知识产权等问题,所以这一阶段制定的政策主要是对初步建立的跨境电商政策体系进行修正与完善,因此将这一阶段的跨境电商政策划分为由探索向成熟转变的过渡期。

在税收方面,暂缓跨境电商"四八新政"(2016年4月8日出台的关于对跨境电商零售进口商品实行新的征税模式的政策)的执行,提高税收商品的交易限值,扩大清单目录。具体而言,在进口方面,跨境电商零售进口税收政策三次延期执行。首先,在2017年5月,由海关总署在海关系统内部发布《关于执行跨境电商零售进口新监管要求的通知》,规定"四八新政"的过渡期为1年,也就是将"四八新政"延期至2017年5月11日执行。随后,商务部宣布将过渡期进一步延长至2017年12月31日。第三次是2018年11月,商务部等六部委和财政部等四部委分别出台了《关于完善跨境电商零售进口监管有关工作的通知》和《关于进一步有完善跨境电商零售进口相关税收政策的若干意见》,这两份文件延续了之前的跨境电商零售进口商品在海关通关时按照个人自用物品的属性进行监管的规定,并且暂不执行跨境电商零售进口相关的注册、备案和首次进口许可批次要求,这是第三次延期"四八新政"的执行,过渡期再一次延长至2018年12月31日,并且将单次交易限值再次提高至人民币5 000元,年度交易限值也提高至人民币26 000元。另外,考虑到现有的跨境电商零售进口商品清单难以满足跨境电商发展需求。2018年11月,财政部、国家税务总局、海关总署等部委出台《关于进一步调整跨境电商零售进口商品清单目录的公告》,扩大了清单覆盖的商品范围。出口方面的政策随后也进行了调整。2018年9月,财政部、国家税务总局、商务部、海关总署等四部门联合颁发《关于跨境电商综合试验区零售出口税收政策的通知》,该通知对跨境电商相关税收政策的适用范围作了进一步明确,对于未取得有效进货凭证的跨境电商出口企业,暂不征收消费税和增值税,旨在进一步鼓励境内企业通过跨境电商平台扩大对外出口。

政策法规	颁布时间	主要内容	发文单位
《关于跨境电商综合试验区零售出口税收政策的通知》	2018 年 9 月	对于未取得有效进货凭证的跨境电商出口企业,暂不征收消费税和增值税,鼓励境内企业通过跨境电商平台扩大对外出口	财政部、国家税务总局、商务部、海关总署
《关于进一步调整跨境电子商务零售进口商品清单目录的公告》	2018 年 11 月	对跨境电商零售进口商品清单进行调整,同时废止了第一批和第二批商品清单	财政部、发展改革委、工业和信息化部、生态环境部、农业农村部、商务部、中国人民银行、海关总署、国家税务总局、市场监管总局、药监局、密码局、濒管办
《关于完善跨境电子商务零售进口监管有关工作的通知》	2018 年 11 月	对政策执行过渡期之后的跨境电商零售进口相关的监管作出具体安排	商务部、发展改革委、财政部、海关总署、国家税务总局、市场监管总局
《关于完善跨境电子商务零售进口税收政策的通知》	2018 年 11 月	通知主要包括两方面内容:首先,将之前的跨境电商零售进口单次交易限额从两千元人民币提升至五千元人民币,同时,个人通过跨境电商零售进口方式购买商品的年度限额也由之前的两万元人民币相应提升至两万六千元人民币。第二,禁止跨境电商进口商品在境内进行二次销售,禁止在海关特殊监管区以外开展保税进口商品的线下自提模式	财政部、海关总署、国家税务总局

二、我国跨境电商税收征管现状

（一）跨境电商出口税收征管政策

当前,跨境电商的出口主要存在三种模式,分别是 B2B 模式、B2C 模式以及 C2C 模式,但不论是哪种出口模式,它们与传统外贸出口的区别仅仅是在交易形式上,在本质上不存在差别,因此都可以申请出口退税。然而在实践中,由于跨境电商天然存在批量小、价值低、买家多的特征,导致难以按照常规的流程进行出口退税,难点不仅仅体现在卖家方面,也体现在海关部门和税务部门。因此,有关部门需要出台一些与跨境电商出口上述特征相符合的简化的出口退税政策,切实保障出口方的合法权益,并促进我国外贸出口的正常开展。

2013 年之前的五年是我国跨境电商行业蓬勃发展的时期,以至于当时的法律制度和管理制度都无法与行业发展速度相匹配,造成在通关、征税、检验检疫、结售汇、退税等各个环节都存在痛点,给跨境电商行业的进一步发展造成障碍。有鉴于此,国务院于 2013 年发布了 89 号文件,首次针对跨境电商零售出口业务提供一系列的政策支持,涵盖了跨境电商新型出口通关模式、新型检验检验模式、经营主体确认等方面。

但是,对于广大卖家比较关心的出口退税问题,89 号文件只是进行了笼统的原则性表述,即"符合条件的跨境电商出口货物可以适用退税政策",除此之外并无具体的政策解释。为此,财政部和国家税务总局联合发布的 96 号文对适用情形作了具体规定:

第一,适用出口退税政策的跨境电商出口企业须取得相应资格认定,而对于非增值税的一般纳税人,则需要按规定办理税务登记手续。

第二,适用出口退税政策的跨境电商出口企业须取得出口退税凭证。

第三,符合上述条件的跨境电商出口企业在办理出口退税时,其他各项规定等同于现行的出口退税政策。

由上可知，89 号文是国务院对跨境电商行业支持政策的具体落地，具有一定的可操作性，既能为税务部门提供办事依据，又能切实降低跨境电商出口企业的经营成本，提升了它们的出口竞争力。随后，国家税务总局于 2017 年发布了 35 号文，增加了外贸服务企业的相关内容，是对上述政策的进一步补充。

（二）跨境电商进口税收征管政策

当前，全球经济下行压力加大，全球国际贸易出现衰退的苗头，在此大背景下，跨境电商行业依然发展迅速，覆盖人群、交易规模、交易品类都持续扩大。但总体而言，跨境电商作为一项新兴事物，仍然处在成长期，需要包括中国政府在内的各国政府的政策扶持，以解决发展过程中碰到的难点，协调新贸易业态与传统贸易业态之间的冲突。在我国，跨境电商发展早期的入境货物一直按照"个人自用物品"属性征收行邮税，其总体关税水平显著低于通过一般贸易形式入境的货物，事实上造成国内市场的不公平竞争，不利于行业的长期健康发展。有鉴于此，相关部门先后制定了一系列的政策文件和措施，主要如下：

第一，在部分城市开展报税进口业务试点。随着跨境电商的不断发展，进口量与日俱增，如果再按以往的方式按订单逐批办理报关业务就会非常的烦琐，缺乏可操作性。在部分城市开展跨境电商网购报税进口试点以后，卖家可以先批量进口，批量办理申报手续，然后把货物存储在海关指定的报税区，按照国内订单进行拆分和分销，这类举措极大促进了跨境电商进口业务的发展。

第二，对跨境电商进口商品的"商品"属性进行了明确。在此之前，跨境电商零售进口商品一直按照"物品"属性交纳行邮税，造成了不公平竞争和税收流失，明确商品属性以后，相应的监管和征税措施都将有据可依。

第三,将税务部门对跨境电商进口商品征税的各个环节和具体要素作出了详细的具备可操作性的规定。这些规定明确了跨境电商商品的境内买家为纳税义务人,而跨境电商平台企业和为之提供服务的物流企业可以适时作为代缴义务人。与此同时,这些细则也为"跨境电商交易"的认定标准提供了具备可操作性的规定,即以"三单比对"为准,只有当同时产生订单、支付单、物流单时,才认为交易实际发生,并将实际成交金额作为完税价格的认定基准。对限额以内的交易免征关税,按照70%的标准征收消费税和进口环节增值税(之前免征),超过限额部分按全额征收。

三、我国跨境电商税收征管面临的挑战

(一)"海淘""海代"类进口监管难度大

"海淘"是指买家通过海外购物网站选择合适的商品,并通过在线支付的方式购买,类似于我国网上购物的流程。"海淘"主要有两种形式。B2C的代表平台是亚马逊,C2C的代表平台是eBay。海外的代理购买被简称为"海代"。一般来说,"海代"就是由专业人员帮助消费者在海外购买商品,消费者需要支付一定的服务费。近几年,随着我国居民的购买力大幅度提高,海外产品也大受欢迎。"海淘""海代"的规模随之不断扩大。

这种"海淘""海代"行为具有如下特点:

第一,从海关部门公布的统计数据来看,目前境内居民从海外购买的商品主要为婴幼儿奶粉、化妆品、奢侈品等日常消费品,"海淘""海代"的品类比较集中。

第二,上述"海淘""海代"商品主要通过国际包裹或者人工随身携带的方式被带入境内,并转交至购买者手中。

第三,单笔金额普遍不高,但是订单数量极为庞大,已经对国内的消费市场造成了明显的影响。

为了规范物品的进出境,海关总署于 2010 年发布《关于调整进出境个人物品管理措施的有关公告》。根据该公告,个人合理自用物品进境享有 50 元(含)的免税额度,即应税额度在 50 元人民币以下的个人自用物品,可以免税通关。该项措施的初衷是为了简化旅客进行手续,同时也节约了海关部门的监管成本,但随着跨境电商的快速发展,该项规定有被滥用的趋势,许多个人乃至商家为了降低成本,获取更大利益,不惜利用政策上的漏洞,将本应按商品报关进口的商品转化为按物品进口。

当前,针对这类"海淘"或者"海代"以个人携带的方式把商品带入境内做法的监管还存在客观的困难,主要体现在以下三个方面:

首先,根据海关总署于 2010 年发布的《关于调整进出境个人物品管理措施的有关公告》,个人合理自用物品进境享有 50 元(含)的免税额度。但"个人合理自用"的定义较为模糊,需要由海关关员人为主观判断,执法尺度难以统一。而且"海淘"或"海代"多采用"化整为零""少量多次"的方法进行频繁地通关以规避海关部门的监管,若要严格尺度则执法成本太高,若要放任自流不仅会扰乱国内正常的市场秩序,还会造成国家税源的重大流失。

其次,我国各海关口岸的业务量分布极不均衡,有一些海关口岸人流特别密集,旅客通关量特别巨大,尽管这些地方同时也是"海淘""海代"的常用通关地点,但监管起来困难重重。

最后,当前我国对跨境电商的交易次数和交易总额并无明确限制,在事实上造成了一定了法律漏洞,给"海淘""海代"们"化整为零""少量多次"的做法提供了可能性。而且值得注意的是,这不仅仅是个人行为,甚至有一些企业也通过这种方法来把正常的商品进口拆分为零散的个人物品逐次入境,以逃避海关部门的监管,给国家的税收造成损失,亟需出台相应的措施予以限制。

（二）进口税收的征管实施困难

依据《中华人民共和国海关法》的规定，海关是我国的进出境管理机关，海关对进境货物依法征税是法律赋予它的四大职能之一。根据《中华人民共和国进出口关税条例》，进出口货物的收货人、发货人和物品所有人都是纳税义务人。因此，为保障海关部门对进出境物品关税的正常征收。海关同时还肩负着两项审查义务。首先是对纳税义务人的审查，明确纳税主体；其次是对纳税环节的审查，监督纳税义务人依法依规履行纳税义务。在传统的对外贸易中，海关完成上述审查义务是相对容易的，因为有大量的随附单据可以作为各个业务环节的依据。但对于跨境电商而言，商品展示、支付、信息传递都是通过互联网完成，几乎没有任何随附的纸质单据，这给海关部门的依法审查带来了不小的挑战。

第一，依法有效地明确纳税义务主体。我国出台的电商税收新政将纳税主体确定为购买境外零售商品的消费者，以电商平台代扣代缴的形式征税。尽管该政策表面上颇具可行性，但在当前我国个人税务信息登记严重缺失的环境下，想要对个人纳税主体的交易额度和缴税情况进行监管是一件相当困难的税务工作。2C业务（含 B2C 和 C2C）涉及海量的买家群体，给海关部门的税收征管带来巨大的挑战，因而在政策的具体落实上还需要我国采取相应的配套政策措施加强对跨境电商纳税主体的监管。

第二，准确认定交易行为。在传统贸易中，货款的支付和资金的流传大多通过传统银行完成，而在跨境电商的交易过程中，则由众多电子支付手段进行，这给海关传统的基于外汇收付的追踪认定方法造成了阻碍，难以有效进行税收征管。

第三，进口完税价格的确定。在海关征税过程中，商品完税价格是计算应缴关税的基数。虽然当前确定进口商品完税价格的方法有多种，但无一例外都是以商品的成交价格为基础,而且商品成交价格有随附的外贸单据可以作证。但是对于在互联网平台成交的跨境商品而言,缺乏传统的可信赖的纸质单据,只有跨境电商平台能够提供电子形式的交易记录,而这些通过网络进行存储和传输的电子数据又是容易被篡改的,安全性不高,将其作为跨境电商商品的交易价格认定依据还存在一定的障碍。

第四,确定进口商品的原产地。在各国海关对入境货物征收关税的过程中,原产地认定是其中的一项核心环节,它是海关对入境货物采取差异化措施的核心依据。但在经济全球化的今天,一项产品的制成往往需要多个国家的共同参与,此时对原地的认定就会变得更加复杂。另外值得注意的是,在全球跨境电商交易中,零售商品占据很大比例,它们具有零散、多样、价值低的特征,此时就难以对其原产地进行精确的追溯和认定。在我国目前已经进行的网购报税试点业务中,跨境电商进口商通常采用批量进口、零散分销的方式办理手续,过程较为繁杂,专业性较强。

（三）数字化商品内涵不明

随着互联网等信息技术的进一步发展和普及,涌现出诸多通过互联网传播的电影、书籍、音乐、软件等数字产品,这些数字产品如今都可以通过网络以电子方式进行交付,这种通过网络进行传输和交付,可以直接通过网络下载的无形商品,被称为"数字商品"。根据世界贸易组织（WTO）的标准,数字商品大致可以分为以下四类:

第一类:电视剧、电影;

第二类:音乐;

第三类:软件作品;

第四类:录音、录像及娱乐节目。

虽然从理论上看,数字商品与传统商品一样,具有相同的贸易属性,也应该按照传统的方法被征税,但从实践来看,由于跨境数字产品交易大多在互联网上完成,在未对各种数字信息进行转换前,难以确定其交易的真实内容。而且,跨境数字产品交易各方通过互联网交易,一般采用加密传输,致使税务部门无法全面掌握交易各方的具体情况(如无形资产使用所得、有形商品销售所得及劳务提供所得),难以确定这些交易所适用的具体税种及税率。此外,由于互联网是全面开放且自由登录的网络,税务部门仅凭企业或个人的 IP 地址(企业或个人的 IP 地址使用并不一定符合规范),无法准确确定供货的目的国,也很难了解货款的真实来源,难以确定征税对象,因而其可税性不佳。

第三节　国际经验借鉴与启示

一、依法合理设定各类参与跨境电商主体法律责任

当前,跨境电商行业仍处于快速的蓬勃发展阶段,为了更好地保障和促进跨境电商行业的健康快速发展,光有配套的支持政策和相关措施是不够的,还应该从更高的层级进行立法保障。眼下亟需立法保障的事项有两个。首先是要对跨境电商的定义、范围进行明确,以便出台与之相对应的监管措施。第二是要对跨境电商各参与主体的法律责任予以明确。主要有以下几类:

第一类:跨境电商企业。作为跨境电商平台的卖家,也是货品提供方,众多的跨境电商企业是对跨境电商行业实施有效监管的源头。应该承担起主动向海关监管部门提供相关交易数据的法律责任,便于海关等监管部门对跨境商品的物流、资金流和信息流进行有效监管。

第二类:跨境电商交易平台。企业为跨境网络交易提供虚拟的交易空间,除此之外,还负有制定交易规则、审核交易信息、托管交易资金等规则的责任,是买家和卖家的集散地。在欧美国家,跨境电商平台企业甚至承担起了代为征缴增值税的职能。显然,我国也需要从法律角度对跨境

电商平台企业的责任进一步明确,以便实现对跨境电商活动的全面有效监管。

第三类:物流企业。物流企业跨境电商行业的重要参与方,承担了连接买家和卖家的功能,在很多时候也是唯一与监管部门进行实体接触的参与方。因此,除了现行的《中华人民共和国邮政法》之外,还应集合跨境电商行业的特点,出台相应法律对物流企业的责任和义务进行明确。

第四类:支付企业。跨境电商行业天然具有资金跨境的需求,进而衍生出购汇和结售汇的需求。跨境电商行业的支付企业,除了提供必要的市场服务之外,还应该承担起协助监管的义务,在提供资金流的同时,配合相关部门完成反洗钱等工作。

第五类:购买人。在以往的跨境物品购买过程中,海关仅需对收件人进行监管,而在跨境电商模式下,收件人会进一步衍生出下单人、支付人、收件人等多种主体,使海关部门的监管变得更为复杂,难以取舍。有鉴于此,需要出台相应的法律,对下单人、支付人、收件人所享有的权利和应负的义务作进一步的明确,使海关执法有法可依,同时也是对行业的健康运行作出规范。

二、探索建立跨境电商税收征管制度及政策

当前,国内先后已有若干批城市开展了跨境电商零售进口试点,各试点城市所享有的政策也有差异,尚未在全国范围内形成一个统一的、明确的跨境电商零售进口税收政策。但随着各地之间恶性竞争苗头的出现,在全国形成统一的政策以消除差别税收待遇、营造更加公平的竞争环境已经是必然趋势。国务院于 2015 年 6 月颁布《关于促进跨境电商健康发展的若干指导意见》,要求将跨境电商进出口与一般货物进出口两种贸易模式公平对待,并作为一种政策导向,制定一系列的配套措施,引导跨境电商良性、健康、公平的发展。

（1）结合跨境电商的特点继续调整和完善跨境电商税收制度。跨境电商交易有其固有特征，商品展示、交易达成、资金支付、物流流转都有相应的电子记录可以查询，这也是海关可以依法对其进行监管和征税的基础。针对跨境电商的发展形势，原有的单次交易限额和年度总限额已不符合实际情况的需求，应适时进一步提升。同时，应该对海关现有的估价模式进行调整。海关的价格清单覆盖范围有限，已经跟不上形势发展的需求，海关部门所认定的价格市场与实际成交价格相去甚远，应尝试以成交价格为主、海关估价为辅的价格认定模式，使进境商品的估值更加贴近实际。与此同时，为更好满足国内消费者合法合理的跨境购物需求，亟需对从 1994 年沿用至今的 800/1 000 元个人网购入境商品免税限值进行调整，在二十多年后的今天，这个限值已与当前的社会经济发展水平严重不符。除此之外，还应完善跨境购入商品的退货、换货机制，并对相关的通关手续进行简化。最后，经过连续几个批次的跨境电商零售进口城市试点，相关的实践已经较为成熟，可以适时地将此项政策在全国范围内推广，使更广大的人民群众都能够享受到跨境电商平台带来的生活便利。

（2）出台与国际接轨的小额货物进境管理制度。根据国际上大部分国家的通行做法，为提高通关效率和海关监管效率，通常会针对符合条件的低值小额货物设定简易申报程序，只有超出一定价值额度的进境物品才需要按照正常货物办理相关通关手续。在具体税率的设置上，应既有别于现行的行邮税，又有别于普通的贸易税，应该居于两者之间。根据现有政策，贸易通关和非贸易通关的税率差异较为悬殊，已经制约了跨境电商的发展，急需改变。除此之外，由于跨境电商所带来的低值小额货物已经逐渐成为进境包裹的主流，应根据其特点适时出台相应的监管模式，可参考国外做法，引入诚信名单制度，自主申报，随机抽查，从而有效降低监管成本，并提升通关效率。

（3）逐步实行进口单一税制。随着跨境电商的发展和普及，人们的购物品类大幅拓展，导致商品和物品两种属性之间的界限日益模糊，而建立在此分类基础上的行邮税与货物税的划分也逐渐变得难以判断，并逐渐失去了区分依据。根据实践情况看，世界上大多数国家并没有像我国一样设置行邮税，而是不加区分地对货物和物品设置统一的税率。这些做法值得我们参考，一旦实行统一的单一税制，不仅可以大幅减少海关的自由裁量权、提升海关通关效率，还能减少一些灰色的空间，实现应税尽税。

（4）多方参与，打造全方位的立体化监管。与传统贸易形势一样，跨境电商涉及海关、税务、金融、外汇、工商等多个管理部门，如果仅有海关部门在通关口岸进行监管是远远不够的，需要联合多个部门共同打造一套全方位的立体监管机制，实现海关、税务、金融、外汇、工商等多个部门的数据共享，有效覆盖从企业注册、备案，到商品展示、商品成交、资金收付、商品运输、外汇结算等各个环节，真正实现线上交易、线下通关，让物流、资金流、信息流一一匹配。既能实现对跨境电商的全过程的立体监管，又能通过创新的一站式信息系统提升跨境电商平台和企业的运营效率，实现多方共赢。目前最大的挑战在于各个部门的管理构架、业务模式都存在一定差异，让其数据系统实现互联互通不仅存在技术上的障碍，还存在管理体制上的困难。但针对跨境电商实行立体化多方共同监管已是大势所趋，可以先从顶层架构上进行设计，然后向下逐步推进。

三、对跨境电商纳税义务人依法实施有效监管

跨境电商企业作为跨境电商的卖方，是这一跨境商业行为的重要参与人，符合《中华人民共和国海关法》所规定的纳税义务人特征。因此，对众多跨境电商企业进行合法有效的管控，是规范治理跨境电商行业的重要途径。

（1）完善跨境电商企业的税务登记和工商登记制度。若要加强对跨境电商行业的税收管理，核心要点在于把众多跨境电商相关企业进行完善的税务登记，并且要从各个环节进行认证。在跨境电商企业开设网店之时，就应进行相应的税务登记和工商登记，并进行相应的核实，以确保信息准确无误。此项措施在确保有效监管、有效税收的同时，还能促进企业的诚信经营，保障跨境电商平台消费者的合法权益。

（2）对跨境电商境内买家进行实名认证。为进一步完善海关监管机制，健全税收机制，跨境电商境内买家应提供真实的身份信息，这些身份信息应与支付机构所提供的身份信息相匹配，然后进入海关数据库进行存储，这样不仅有利于海关的监管，还有利于相关税费的征收。同时，为了进一步简化税收监管流程，可参照我国目前对跨境邮件、快件征收行邮税的做法，由符合资质的跨境电商企业、跨境电商平台企业或者第三方物流机构代为征收并交纳相关税费，从而简化税收流程，提升消费者购物体验。

（3）完善跨境电商货物的价格认定机制。根据《中华人民共和国海关法》的相关规定，由海关部门对进境物品所适用的完税价格依法进行认定。因此，我国海关部门也编制并发布了《完税价格表》，便于统一执法尺度。然而，随着跨境电商的发展和普及，交易产品的种类大幅拓展，跨境电商的境外卖家来源地也日益多元化，导致《完税价格表》更新的速度跟不上行业发展的速度，跨境电商货物的海关认定价格与实际情况之间存在脱节。建议相关部门改善现有的跨境电商货物价格认定机制，以促进跨境电商的健康发展。

（4）引入并推广电子发票的应用。与传统形式的发票相比，电子发票较为便捷高效，流通起来效率更高，但是也存在容易被隐匿或篡改的技术问题。随着技术的发展，目前电子发票的发展已经较为成熟，相关风险也被逐步控制到了可接受的范围，为后续大规模的推广和使用奠定了基础。当前,我国已经从法律层面对电子发票的效力进行了认可,为了使电子发票能够更好地服务于跨境电商活动,相关税务部门应制定相应的指导细则,对电子发票从开票、使用、到流转、报销等环节进行规范,既能保障国家的正常税收不受影响,又能切实保障纳税义务人的合法权益。

第四章

跨境电商海关风险管理国际比较研究

由于跨境电商拥有不同于传统贸易的特殊性,形成了海关监管过程中有别于传统贸易的风险形式出现。因此,海关对于跨境电商的风险管理应该在传统贸易风险管理的基础上作出一定的改变。本章在借鉴美国、荷兰、澳大利亚、新加坡和日本等国家跨境电商海关风险管理的基础上,探讨中国跨境电商风险管理的有关做法,对比传统和新型跨境电商风险管理模式,并对国内和国外跨境电商风险管理模式进行对比。针对跨境电商的法律法规尚未完善、海关难以准确统计跨境电商贸易数据、信息化监管手段落后于跨境电商的发展、海关信息及政策宣传不到位、专业人才培养不足等问题,提出以下建议:完善风险管理法律法规;建立完善的现代化信息监管体系;通过大数据挖掘开展精准监管;采用专业设备配备;加强海关和企业的合作。

第一节　跨境电商海关监管风险管理概述

海关作为政府机构,其风险管理与企业的风险管理存在一定的差异。企业的风险是一个中性词语,其风险管理是指通过不同的经营和投资方式来衡量风险和收益以获取股东价值的最大化。而海关监管的风险是指在海关监管过程中可能面临的危险性,或可能违反法律法规,以及损害国家利益或企业权利的行为。所以,海关监管的风险管理就是充分考虑在现有成本和技术条件下,通过高效率高质量的方式来规避海关监管执法过程中可能面临的风险。

一、传统贸易的海关监管风险管理

传统贸易的海关监管风险管理，可以从风险管理的类型和风险管理的流程两方面来进行分析。

（一）海关监管风险管理的类型

传统贸易的海关监管风险类型，可以划分为业务风险管理与执法风险管理两个部分。

业务风险管理包括对于管制商品（如枪支、象牙、有害生物等）的管理、对于商品附带无形资产（如知识产权、商标权等）的管理、对于商品价格合理性的管理以及对于退税征税的管理。

执法风险管理是指海关法律法规不明确、执法流程不规范以及执法人员能力不足可能造成的风险以及对其进行管理。

（二）海关监管风险管理的流程

风险管理的流程由风险识别、风险测量、风险预警和风险控制四部分组成，这四部分依次进行，层层推进。

风险识别以海关风险信息收集与分析作为基础。海关风险信息主要包含海关内部业务风险信息、海关管理类风险信息以及外部风险信息三大类。

海关的风险测量是指海关风险管理岗位人员对上述三类风险信息影响海关实际监管和危害海关的程度进行量化衡量的过程。该过程中实际用到的指标主要有针对海关管理对象类指标、海关廉政风险类指标以及海关执法类指标，海关管理对象类指标按危害程度从小到大分别包括"影响海关统计、违反海关监管规定、涉嫌偷逃关税增值税以及进口环节税、涉嫌走私行为、走私罪"等，海关廉政风险类指标按照危害程度从小到大分别包括"收受他人财物、挪用公款、贪污受贿"等。海关执法类指标按危害程度从小到大分别包括"机械执法、执法不当、行政不作为、渎职、参与走私放私"等。①

风险预警是处在风险识别与测量之后,基于风险类别与程度而形成的应对操作。风险预警可以分为人工预警和自动预警。风险控制是在经历上述三个流程后所采取的行动,对于风险控制的结果究竟如何将由上述三个流程的综合效果优劣来决定。

二、跨境电商赋予海关监管风险管理的新课题

跨境电商区别于传统贸易模式的特殊性是赋予海关监管风险管理新课题的根本原因,其特殊性渗透到海关监管风险管理类别和流程的各个方面。同时,由于跨境电商包含 B2B、B2C、B2C 以及 C2C 四种模式,各模式之间的差异也给海关监管的风险管理带来了新的挑战。

跨境电商对于海关监管风险管理的影响,最主要的原因在于其具有数字化、碎片化的特点。同时,这也带来了一部分税收管理的风险。

(一)数字化带来的影响

跨境电商的数字化特征,直接促进了交易的便捷性,但同时也提高了交易的隐蔽性。伴随隐蔽性而来的是各种违禁物品的交易和外来生物的入侵。

数字化对于监管的影响在于,由于贸易的交易各方在法律法规的理解和专业能力上差异程度较大,个人消费者对于其真实身份和真实地理位置的隐私意识、网络自身存在的匿名性特征等,导致海关监管面临如何界定监管对象,并设定合理、有效的监管方式等难题。一些不法分子利用这种影响,通过跨境电商违反进出口规定。同时,一些个人消费者由于兴

---

① 朱华君:《宁波海关风险管理研究》,宁波大学硕士学位论文,2018 年提交。

趣爱好进出口一些外来生物,导致对中国生态环境造成巨大威胁。一旦海关在抽查中没有选中这些订单,就会带来不可预估的风险。

(二)碎片化带来的影响

跨境电商碎片化的影响主要体现在由于涉及交易主体数量多,类型复杂从而导致了监管困难。同时,也导致了通关速度的缓慢。

在传统的"进口—批发—零售"的流通模式之下,海关监管通常压缩在进口环节上,只需要面对进口环节的货主单位、经营单位、报关行等,监管面相对较窄。但由于跨境电商的数字化,电子商务企业、物流企业、支付企业,数以千计的中小企业和各种网民都是买卖的参与者。这些买卖的参与者,都是海关潜在的监管对象。

同时,跨境电商的商品种类多样,电子商务企业的申请数据也较为复杂。面对品目繁多的商品再加上企业巨大的数据库,我国海关在进出口的监管检查流程相对于其他国家是较为严格的,这严重制约了跨境电商的通关速度。

(三)税收管理的风险

海关关税不仅是中央财政极为重要的组成部分,更是国家对进出口商品进行管控进而调控国民经济发展的一种重要手段。过去,试点城市对跨境电商进口模式都采用行邮税方式进行征税,与一般贸易方式下征收关税及进口环节税的货物相比,综合税负相对较轻,又因是适量自用物品,国家税收政策给予减免,至此便滋生出一些专打国家税收政策"擦边球"的跨境电商和灰色代购,出现了钻免税额度漏洞、逃避征税甚至是税收套利的现象。每年我国的海外购物与跨境电商规模达到数千亿元人民币,但是,现阶段我国邮件进口的商品超过 90% 都未缴纳海关关税,不到10% 的邮快件渠道进口商品征收行邮税额仅 10 亿元左右,其间隐藏的漏税、逃税风险不容忽视。

第二节 国外海关风险管理的做法

国外的风险管理理论基本上是基于企业管理与保险行业方面所展开,海关监管风险管理目前尚未形成统一的研究体系与方向。但国外海关在应用风险管理展开实践工作的过程中所体现出来的方法,值得参考借鉴。

一、美国风险管理的措施

美国不断大力推动海关风险管理的实施,拓展延伸了政府部门风险管理相关研究与应用领域,具体有三种做法。一是海关与企业在反恐联盟中的关企合作手段。在这一手段中,美国主要通过分析并共享部分跨境电商较大企业与政府端数据的方式进行运作。同时,减低甚至清除中小微等类型跨境电商企业面临的业务开展障碍。二是系统与人工甄选相结合,这体现在美国海关的支付监管制度和信息监管方面。在其支付制度中,对于大额支付系统,美国海关通过联邦电子资金划拨系统来建立风险评估与防控;小额支付就采取海关系统自身的风险评估软件进行监管。在信息监管方面,美国海关主要使用电子追查技术,通过此技术可以识别不同危险等级的商品,在此基础上还同步建成了一个开放式的公共网上数据资源库,发布进出口商品质量与安全信息供公众进行检索查询。①三是警告与强制守法相结合的风险处置手段。美国在世界上属于市场经济较为发达的国家,市场机制也较为完善,对于商品流动的政府管制较少。美国海关在制定进出口环节监管政策时采取的是最大化便利企业的原

---

① 朱磊:《基于海关监管视角的跨境电商零售进口研究——以 p 综保区海关为例》,天津财经大学硕士学位论文,2017 年提交。

则,其监管的核心不在于税收,而在于知识产权、固体废物、贸易管制、国际公约执行等非税领域。所以,警告和强制守法相结合的风险处置手段有助于打造较为优秀的营商环境。

二、荷兰风险管理的措施

荷兰主要通过战略层、战术层、操作层三个层面的风险规划,成熟的风险分析方法——货物未到关境前开展分析,以及规范合理的风险布控手段处置流程来开展相关的风险管理工作。

荷兰在风险规划方面,关于其战略层、战术层、操作层三个层次的安排是由荷兰海关风险管理组织主要由信息情报中心、风险管理专家小组和企业协调员三大部分来依次展开。荷兰海关的风险管理做法如图4.1所示。

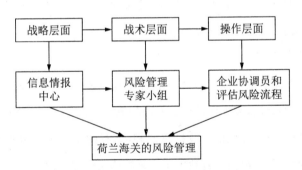

图4.1　荷兰海关的风险管理做法

战略层面由信息情报中心负责。信息情报中心有中央和分区两个部分,中央信息情报中心的主要工作是对海关风险情报信息进行收集和汇总,对中高层级风险和难度高的业务进行分析归纳。同时,开展和国内外信息交互的定期活动,统筹把控海关的具体业务。而分区信息情报部门的工作职责主要是针对自己关区内的风险信息进行剖析,并对关区的风险管理工作进行具体管理,开展自己关区的风险评估和定量分析,准备相关文件,对具体风险信息情报的准确性和含金量进行评估。

战术层面由海关风险管理专家小组工作人员和高级官员共同协商制定。荷兰海关将进出口商品划分为五类,分别为消费品(非食品)、农业与农产品、矿物油与化工产品、酒类及烟草、快递服务与邮政服务。风险管理专家小组在战术层面主要有三大作用:一是对信息情报中心各类风险的收集和分析提供建议,并开展验查,对海关基层进行相关风险管理的操作指导,保证各关区的风险管理具有针对性与精准度。二是承担答复关于海关业务的企业咨询事宜,并为风险管理制度与政策的制定及落实提供建议。三是与其他国家海关进行国际交流。

操作层面的亮点在于荷兰的企业协调员制度,荷兰海关企业协调员制度是荷兰海关对进出口企业分类管理的特色制度。荷兰海关根据企业经营规模、经营货物的类别、企业的信用以及企业的管理水平以确立重点企业,这些重点企业均有专门配置的"企业协调员",企业协调员是企业和海关之间沟通的桥梁,在帮助企业了解海关政策的同时为企业提供海关政策现实解读。

同时,在操作层面荷兰海关的监管流程也值得借鉴。荷兰海关采用"分层管理"的方法,减少对诚信企业的物流海关监管,增加对未知企业的审查。这既为海关和诚信企业提供便利,又有助于海关部署和分配有限的查验资源。荷兰海关一直致力于完善其执法程序,并提出了"能够海关监管欧盟跨境货物流通"的愿景。根据这一愿景,荷兰海关将100%海关监管所有的跨境运输和货物。为此,荷兰海关在自动检测、海关监管导向、申报制度、贸易通道等四个方面作出了努力。

第一,借助信息通信技术实现自动检测。为实现海关100%海关监管所有跨境运输和货物的愿景,荷兰海关不断投资信息通信技术,从而提高海关监督的有效性和效率。海岸警卫队和国防部提供的雷达图像让海关掌握荷兰水上船只以及空中飞机的信息,构件了航空和海事"虚拟网络"。

海关在鹿特丹港区设有核探测门,用于检查卡车运输的集装箱。这些卡口位于海关监管的线路上,司机不需绕行或停下来接受检查,设备会自动检测货物是否释放辐射。海关不需要介入,除非检测到异常情况。这一系统既能做到100％的全面检查,但又不会给企业设置任何阻碍。在鹿特丹港 Maasvlakte 港口和工业区的火车扫描系统也是海关最先进检查系统的代表。在火车以每小时 60 公里的速度经过扫描设备时,系统对于车厢里的货物进行扫描。随后,软件将扫描内容与参考文件进行比对,参考文件包括海关已知的货物相关信息,比如申报信息。如果检测到文件的信息与集装箱中的内容不符,系统会发出信号。海关根据这些情报采取适当行动。尽管目前扫描后需要海关关员进行分析,但是未来将实现可自动检测。

第二,海关监管由风险导向转向合规导向。荷兰海关通过精确使用"经认证的经营者"(AEO)系统,为企业提供获取 AEO 地位的机会。可以允许拥有 AEO 证书的企业实质上是可靠的贸易商,海关运输其货物而不施加干扰。海关熟悉具体的业务程序,仅需要监控企业是否遵守这些程序,即企业是否做其承诺做的事情。海关不再不间断地检查 AEO 认证企业,以查明是否有任何问题,而是确认一切仍然正常。换句话说,确认业务仍然在控制之中。因此,海关正在从风险导向转向以合规为导向的监督。AEO 企业的货物不再需要在边境检查,除非出现直接威胁的问题。海关在货物的目的地,例如货物的目的地,在更加合适的时刻和地点进行检查。所有 AEO 在原则上都得到平等对待,并建立在可靠性和合规性的基础上。

第三,提供可选择的双重申报制度。荷兰海关为分层方法("绿色物流通道""蓝色物流通道"和"黄色物流通道")所做的设计,通过"绿色物流通道"(货物正常)展现已知的可靠贸易商货物的通用流程,让"绿色物流通道"变得更宽,并且使"蓝色物流通道"(货物存在问题)变得更窄。这涉及在海关系统中用于入境货物的额外消息,物流服务提供商可以提供其客户信息或可以提供关于货物的信息的链中另一方的名称,海关可以看到这个消息,但航运公司不能,这个消息是海关的眼睛。

因此,海关现在有了扩大绿色货物流量的另一个工具。海关还与报关行就货物进出进行交易。报关行代表背景方提出申报,荷兰或欧盟成千上万的进口商或出口商之一,其中许多不言而喻,没有 AEO 认证。然而,具有 AEO 认证的海关代理可能期望知道他们的客户并且根据 AEO 标准来筛选它们。这使他们能够保证来自可靠或筛选的客户在他们的声明中的信息的质量。当海关希望检查这种性质的报关时,它优先考虑在货物进口或出口后对客户的检查。

然而,报关代理人可能与他们不知道底细的客户打交道。然后,这些货物将受到适用于"蓝色物流通道"流程的面向风险的检查制度的强制管理。海关代理人甚至可以向海关表明,他们认为风险是附在特定货物上的,然后作为海关的眼睛和耳朵,并协助海关指定蓝色流量内的目标。

第四,开辟智能安全贸易通道。海关以第三种"黄色物流通道"的形式在执行的分层方法中进一步区分了货物流动。这一流程代表了智能和安全贸易通道,这是由世界海关组织开发的一个概念。智能指的是数据的质量,并保证了物品在物品链中的完整性。从链条开始海关就认识到这些链中的每一环节。因此,海关可以说,这些货物进入或离开荷兰,"我们知道是谁装的箱子"。保证这些链条中的货物的实体安全以及相关各方之间交流的信息的质量和可靠性,因为 AEO 系统是一个全球概念。海关了解其他国家对 AEO 的要求,海关可以认可其他国家海关颁发的证书。该系统在原则上将允许这些货物在其装载在海运或空运集装箱中时的仅进行一次检查。

这种"黄色物流通道"不仅包括经过 AEO 认证的货物,而且还包括一些未知贸易商。这是因为可以想象,海关面临着许多未知出口商,这些出口商在由可信的贸易通道中由黄色认证的物流服务提供商合并的货物中运输货物。物流服务提供商可以为货物,文件和基础数据作担保。物流服务提供者可以根据其商业利益行使其决定权,使这种做法成为可能,海关可以在审查给予适当设施的可行性时行使其酌处权。

可见,发达国家的跨境电商物流配送不仅努力追求快捷和高效率,也更加注重良好的个性化物流体验。

三、澳大利亚风险管理的措施

澳大利亚海关采取风险回避、风险对冲的方式来推进海关风险管理。澳大利亚海关对跨境电商的要求分为正式申报与低价值货物申报两种。澳大利亚对跨境电商入境商品以 1 000 澳元为限:高于 1 000 澳元的商品,不论是空运、海运还是邮快件渠道入境都需要按照正常报关程序正式申报进口;低于 1 000 澳元的商品,货运公司既可以货运方式自评清关(SAC),也可以通过邮递快件渠道直接清关。同时,1 000 澳元以下的跨境电商的商品进口,不论是个人自用还是用于商业贸易,也不论是海运、空运还是邮快件渠道,均无需缴纳关税、商品与劳务税等税费。另外,澳大利亚海关还规定,如果消费者不喜欢、不适用所进口的货物,并将所进口的货物复出口,在特定情况之下可申请退还已经向海关缴纳的关税。澳大利亚海关的税收风险回避模式如图4.2所示。

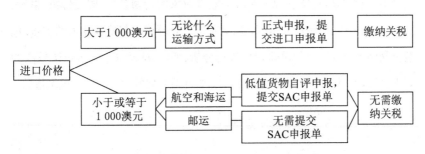

图 4.2　澳大利亚海关的税收风险回避模式

四、新加坡风险管理的措施

新加坡海关通过网络平台、明确风险分析监控对象和全面的风险分析方法、科学合理的风险处置措施来应对跨境电商风险管理。

（一）风险分析监控平台依托于贸易系统

新加坡海关下设有 17 个处级单位，关员共有 500 人，但其负责风险分析的人员数量仅为 3 人。在低人力成本的条件之下，新加坡海关开展风险管理完全以该国的贸易系统为依托。风险管理部门通过相应的网络平台进行风险信息收集，同时积极对收集到的信息进行风险分析和监控，并将分析结果转化为风险处置指令后发送给移民与关卡局或一线执行关员，使其得以对确定的风险进行相应的处置。新加坡海关采用风险管理手段后，九成的单证在 10 分钟内办结。

（二）明确的风险分析监控对象与全面的风险分析方法

新加坡海关风险分析和监控的对象主要为应税商品和不涉税的管制类商品这两大类。应税商品主要包括烟草制品、含酒精饮料、汽车与汽油四类商品，不涉税的管制类商品主要是武器、弹药、医药、食品、涉及原产地管理及贸易协定项下的商品等。新加坡海关风险管理部门牢牢抓住商品和企业两条主线进行分析，将其获取的信息数据库或情报进行挖掘，并提炼整合出风险线索，具体表现为对海关监管对象的货物名称、成交价格、单价、进出口国、申报人、承运人、起运港、卸货港、运输路线、与货物相关的重量、包装及仓储地点等潜在的风险指标进行分析、评估，从而筛选锁定风险较高的管理目标，及时下达预警指令，为后续监管环节开展针对性的处置提供指导。

（三）科学合理的风险处置措施

新加坡海关的情报部门根据风险程度及风险类型进行评估，针对具体的交易对象作出一般性查验、非侵入式查验、重点查验等相对应的处置决定,并将其与处置措施相关的指令一同传输给关卡的工作人员,而相关工作人员则负责根据指令处置风险。同时,风险部门也可根据其实际情况,径直发布对重点查验的货物施加关封的指令,并可派海关查验关员对货物开展重点查验。与偏重供应链安全角度核查的 ICA 官员不同的是,新加坡海关更偏重于核查税收与贸易管制,而关卡的查验人员可根据调查结果作出相应的处理决定,例如对无主观故意的违规行为限期整改、对瞒骗和走私行为给予相应的严厉处罚等。

五、日本风险管理的措施

日本海关主要通过开发自动化系统、实施企业守法评估以及开展企业认证工作来提升海关工作效率。日本海关过去同我国一样,也面临着业务量庞大与监管资源不足这一对矛盾。日本海关凭借 1991 年的业务改革,大力提倡以科技手段压缩通关时间,并以风险管理的理念将海关监管环节"前推"(即先行审核申报、风险管理、AEO 制度等)及"后移"(后续稽查),对货物入境后报关与查验的中间环节进行精简,极大地提高了通关效率,并极好地调和了人力资源与监管效能之间的矛盾,有效地促进了贸易便利化。

第三节　中国跨境电商风险管理的有关做法

我国跨境电商的海关监管风险管理模式,可划分为传统跨境电商监管和新型跨境电商监管这两种模式。

一、跨境电商传统海关监管模式

由于跨境电商平台是中国跨境电商目前主要进行交易和维权的渠

道,所以我国海关主要通过对跨境电商平台进行监管,以此达到对跨境电商进行监管并防控跨境电商监管风险的目的。在跨境电商海关传统监管模式之下,跨境电商平台之间往往是相互独立、各自运营的,而且各平台之间的数据信息没有和我国海关的监管系统共享信息和数据互通。因此,我国海关无法对跨境电商平台上的所有交易进行准确实时的监管。我国的传统跨境电商监管模式是在各平台对海关申报进出口时对货物进行监控,由此可见,针对跨境电商的传统监管模式与货物基本一致,仅略有区别,我国海关并没有专门制定针对跨境电商的监管办法。

（一）跨境电商传统海关监管模式的具体内容

目前,中国大部分跨境电商平台有自己专属的物流体系或将自己的物流服务外包。跨境电商平台之间均可进行跨国物流运输与海关申报服务。在跨境电商平台交易时,消费者有三种方式向海关进行申报:一是由跨境电商平台或者其物流公司进行代理申报;二是自己向海关申报;三是交易双方自己委托代理公司进行申报。所以,跨境电商的进出口申报主体包含多种,那么也就产生多种跨境电商的商品通关监管方式,具体的通关监管方式如下:

(1) 消费者在跨境电商平台购买商品入境时,跨境电商平台代理消费者进行申报。依据相关法律法规,海关将该类申报主体认定为跨境电商平台。一般而言,海关能够获得跨境电商平台的申报通关与货物数据。这种通关申报模式属于较为典型的独立跨境电商平台的 B2C 交易通关方式。

(2) 消费者在跨境电商平台购买商品入境时,跨境电商平台的物流公司进行代理申报。依据法律法规,海关认定该类申报主体为物流公司并对其监管。目前小额 B2B 或 C2C 贸易的商家均采用这种海关申报代理模式。

（3）消费者在跨境电商平台购买商品入境时，跨境电商的卖方向海关申报通关。依据法律法规，海关认定该类申报主体为卖家并对其监管。目前跨境电商平台很多卖家都会以自己向海关申报通关的方式来获取平台营销或消费者便捷的优势。

（4）大部分 C2C、C2B 或 B2C 的卖家均没有进出口的报关能力与报关资格，所以采取委托第三方物流公司或者报关公司的方式进行海关代理申报。依据法律法规，海关认定申报主体为被委托的代理商，对其进行监管。

（二）对跨境电商传统海关监管模式的分析

根据上述海关对跨境电商传统海关监管模式的描述和海关总署公告 2014 年第 56 号《关于跨境贸易电子商务进出境货物、物品有关监管事宜的公告》，可以看出其风险管理基本是抓住报关单位进行的。上面所提的四种跨境电商申报通关监管方式和现有其他进出口商品的通关监管方式是一样的，只是申报的主体不同，海关没有对跨境电商实施特别查验和单独监管，这和以往的跨境贸易没有本质的区别。这种风险管理方式虽然对海关而言实行起来较为简单，但是无法和目前的跨境电商模式相适应。

目前，海关对跨境电商贸易没有针对性的监管，关于跨境电商贸易的监管只有海关总署公告 2014 年第 56 号《关于跨境贸易电子商务进出境货物、物品有关监管事宜的公告》和其他一些零星的条例。海关总署没有出台对跨境电商四种不同模式（B2B、B2C、C2C 和 C2B）的细分监管，海关口岸也没有将他们和传统贸易加以区分。在这种管理模式下，存在着监管对象属性不明晰、税收流失、海关贸易统计数据不完整和违禁管制物品进境的风险。

1. 跨境电商传统海关监管对象属性不明晰

在传统的跨境电商监管模式下对于跨境电商贸易的监管对象是货物

还是物品这一问题难以界定。据《海关法》等相关法律法规,物品在进出关境后是非贸易性质,而货物在进出关境后是用以再销售的。虽然在理论上能对此进行清晰的界定,但是在实际操作中难度较高。尤其是在B2C 和 C2C 的交易模式下,由于跨境电商模式的特性,货物和物品的判定往往是不明晰的。如果进境商品被判定为货物,海关是要依照《海关法》和相关法律条文征收关税以及代收增值税、消费税。如果进境商品被海关判定为物品,对于在合理自用数量范围以内的,海关给予免征进口税处理;对于虽超出规章所规定的数额但仍处在合理数量范围内的,应当按照有关规定缴纳进口税;对于超过合理自用范围的商品则应当以货物贸易进口的情形来依法征收关税与进口环节海关代征税。根据跨境电商的申报主体进行分析,进境物品的申报主体为境内消费者个人,纳税义务人为境内消费者本人。监管对象属性不明晰是导致海关贸易统计数据不完整和税收流失的原因之一,同时也催生了"代购"这一灰色产业。

2. 跨境电商传统海关监管容易造成税收流失

监管对象属性不明晰是造成税收流失的原因之一。即便从理论上讲跨境电商交易中的商品能够进行其属性辨别和清楚界定,但在实际入境的过程中,通过跨境电商交易的商品很难判断是否再次进入贸易销售环节。而且,在一定的标准下以个人物品名义申报进出境的行为具有免税的权利。订单的低价值性、大交易量和多个人申报主体属于跨境电商的特性。海关监管对象不明晰、混淆申报主体和分多次交易使得逃税有了很大的操作空间。

同时,由于海关目前仅仅从申报入境的主体来判定出入境商品的所有者。这意味着关税的纳税人和进口增值税的代扣代缴义务人均是在这种方式判定下所形成,一般情况为出入境商品的所有者。但由四种上述的跨境电商通关方式可见,仅第一种通关方式,即跨境电商平台自行向海关申报进出口能够准确定性交易为跨境电商并区分货物及物品。而其他三种申报通关方式,由于申报主体是卖家或第三方物流公司,海关默认他们是跨境商品的所有者。但由于这些方式下较多的公司未在工商注册,或者是个人申报,海关无法准确辨别这类申报的商品交易是否有跨境电商交易,所以无法确定是否应该用海关估价手段来进行纳税依据的确立。海关没有这些申报者更详细的数据,无法对货物的最终去向和具体细节进行估价的评定,造成大量税收流失。

由于监管对象的不明晰导致存在税收流失的可能,所以在利益的驱动下,市场主体和海关内部人员会有因为利益而引发的海关人员的执法贪污风险。

3. 传统海关监管模式无法对贸易数据进行准确统计

目前传统的跨境贸易电子商务通常在网站、论坛和社交平台进行联系交易,大多以邮递个人物品的形式进行商品运输,使得交易商品进出关境时向海关报关的主体为邮政物流企业。由于申报都运用个人物品的情况,难以统计这部分进出口贸易数据,海关无法对贸易的实际情况进行掌握。

同时,传统的跨境贸易电子商务在一定程度上存在单证、合同、票据等交易凭证和交易文件方面的缺失和不完整的情况,且由于交易规模零散,交易金额较小,利用免税额度以邮递物品与进出境快件的形式进出关境,故无法纳入海关的贸易监管与统计系统范围。

4. 违禁管制物品进境的风险

由于跨境电商进出境申报主体的多样化和目前海关对报关货物采取抽查的方式,所以导致了违禁管制物品进境的风险。在关检融合之后,虽然提高了对违禁管制物品进入关境的打击效率。但是,由于跨境电商本身的特性,依然没有解决根本问题。不法分子和不知情者会利用跨境电商监察和追究责任的困难,导致违禁管制物品进境的风险增加。

二、跨境电商新型海关监管模式

（一）跨境电商新型海关监管模式概述

由于跨境电商主要凭借跨境电商平台进行交易，海关总署自 2003 年起以开展跨境电商平台监管为着力点，努力促进海关监管系统与一些大型跨境电商平台的数据对接，要求在平台上交易的买卖双方均需要实名制，用以提高监管效率和质量。同时，海关还为跨境电商贸易增加了保税仓通关模式，并以此来节省商家的交易成本，进一步优化营商环境。

（二）对跨境电商新型海关监管模式的分析

1. 提高了海关监管的主动性

新型跨境电商监管实现了跨境电商平台与海关监管系统的联网对接和信息共享。这意味着海关可以改变过去被动等待申报主体自行申报再进行风险监管的模式。由于海关和跨境电商平台数据对接及实名制的要求，只要消费者和供货商在和海关有数据对接的平台上合作过一次，海关便获取了关于跨境电商交易双方的具体数据。这些数据不仅可以加深海关风险监管的程度，而且随着交易次数的累加，还可以用来实现不同主体的风险分析和风险等级评定，从而提高了海关监管的主动性。

2. 部分申报主体加以明晰

海关和跨境电商平台的数据对接也解决了部分申报主体不明晰的问题。在实际操作中，以往在 B2C 和 C2C 的交易模式下，即便是买卖双方委托跨境电商平台作为进出口申报主体，但由于没有买卖双方的数据，实际主体依然难以追究。而在新型跨境电商海关监管的模式下，海关拥有了平台用户的数据，可以追溯风险的产生原因并间接规范买卖双方的行为。

3. 减少部分税收流失

新型海关监管可以覆盖过去监管不到的所有跨境电商交易，海关可以对跨境电商平台上交易的所有信息了如指掌,包括跨境电商商品的交易价格、运费、保险费等。如果跨境电商的申报主体向海关申报时,为了提高盈利,再故意压低商品申报价格,以少交税款,这时,海关就可以通过监管系统查到商品在电商平台上真正的成交价格,使这种虚假申报价格的行为不再有机可乘。

同时,因为海关已和新型跨境电商平台系统对接,而海关的监管系统可以和其他政府部门的系统实现联网,这样其他政府部门也可以通过海关系统实时对跨境电商交易进行严密的监管。同时,其他政府部门也可通过数据的共享,方便地为跨境电商的相关企业或个人提供很多服务,如税务部门的严控监管等。

4. 提升统计数据质量

在传统监管模式下,海关只能对跨境电商向海关申报的交易进行统计,而对传统跨境电商平台上的其他交易无法统计,做不到对跨境电商贸易数据的全面与准确统计。而在新型的监管模式之下,海关可以经系统监管到所有跨境电商平台上的交易,包括那些未注册的跨境电商主体向海关所申的交易。由于海关可以监控到跨境电商平台上的所有交易信息,包括买卖家名称、物流信息、支付信息、成交价格信息等,海关可以全面准确统计跨境电商贸易数据,实现多部门联合监管。

5. 便于法律追责

由于跨境电商新型海关监管模式所具有的数据透明性,有助于对风险进行跟踪。在传统跨境电商贸易模式下,常常由于数字化和碎片化的特性,导致了违法行为无法追责。新型跨境电商海关监管模式在一定程度上避免了这种情况的发生。

(三)新型跨境电商贸易的实施情况

相较于跨境电商的传统监管,新型监管为海关在监管工作上提供了诸多便利。跨境电商的服务平台与海关监管系统对接,满足了海关的监管需要,也是跨境电商未来的发展趋势。为此,海关总署不断大力发展和推广新型跨境电商的海关监管模式。

目前,海关总署在上海、郑州、宁波、杭州和重庆五大海关关区率先实行这种新型跨境电商海关监管模式试点。这五大关区的所在口岸和其城市的跨境电商平台已经实行数据对接和信息共享。各个关区根据当地的实际情况进行协调创新安排,为全国海关的推行做出了较好的表率。

第四节　跨境电商风险管理比较分析

一、传统和新型跨境电商风险管理模式对比

以上各跨境电商的新型海关监管模式是在传统跨境电商电商平台基础上,通过海关和其他国家行政部门的协调组织共同开发,借助信息数据网络技术而发展起来的,与传统的跨境电商监管模式相比,这种模式有了明显的进步,其具体区别如表4.1所示。

表 4.1　传统和新型跨境电商风险管理模式对比

	海关监管	申报主体明晰程度	税收流失程度	数据统计完整性	违法或维权的追溯
传统模式	被动	低	高	低	难
新型模式	主动	高	低	高	易

但是依照目前跨境电商的发展趋势,这种监管模式在防范风险管理方面依然有其不足之处,具体如下:

（一）目前普及面较小,推广有一定的阻力

目前这种新型的跨境电商监管模式虽然取得了阶段性的成果,但还仅仅在五个关区内进行。作为跨境电商进出口大户的广东省七个关区还

没有试点的资格,全国的海关关区要全部推广更是有很长一段路要走。同时,由于试点的原因,海关总署得到的数据和风险分析方法因为不同地区的差异性,很难适用于所有的地区。这种模式要求跨境电商平台的配合和比较先进的数据存储和处理技术,这给全国普及带来了一定的阻力。

（二）未通过跨境电商平台交易的双方,依然无法进行监管

新型跨境电商监管是以传统跨境电商平台为基础进行的,这种从属关系尽管规范了平台交易双方的行为,但未通过平台交易的买卖双方海关依然难以实行其监管职责,以往的问题依然存在。

（三）海关风险管理水平有所提高,但依然存在着较大的税收流失漏洞

新型跨境电商监管模式通过数据互通在一定程度上保证了海关风险监管的质量和通关效率,但只依靠跨境电商平台数据的方式较为单一。平台的数据会有失真或虚假的情况,同时,各城市关区之间的数据还不能做到相互连通,存在部分交易者利用这些漏洞进行逃税的可能。

（四）对非税因素仍然不够重视

在这种模式下,重心仍然是税收风险问题,虽然消费者的后续维权问题有了一定的保障,但是非税因素如知识产权、版权、商标权等依然没有在这种模式下得到体现。

（五）海关申报监管流程和传统贸易差别不大

跨境电商平台的数据引进和分析,对海关监管提供了一定的帮助,但是跨境电商的进出口监管流程并没有改变,而且自动化程度依然不够,与

传统贸易的监管流程差别不大。

（六）企业和海关的关系仍然得不到解决

企业会因为海关与平台的数据共享实行自我约束和改进，但二者的关系依然是监管和被监管。海关在身为监管者的同时，也应该是企业的服务者，但这种关系并没有在新模式下得到改善。

二、国内和国外跨境电商风险管理模式对比

（一）美国海关与中国海关的对比

美国海关与中国海关对跨境电商的风险防范重点不同。在海关与企业合作方面，美国的海关——企业反恐联盟的关企合作手段有效避免了大部分企业自身产生的业务风险。由于美国没有增值税只有关税，所以美国海关与企业合作的进程体现在货物入境和今后的维权。中国海关目前和企业的合作远远未达到和经济情况相适应的状态，中国由于增值税税种的存在，关企合作还需进一步深入。同时，独立的跨境电商风险分析和评估平台也尚待建立。其根本原因是我国海关和相关企业的对接合作还处于起步状态。在警告和强制守法相结合的风险处置手段方面，由于我国的供给侧结构性改革刚刚起步，海关监管的内容除了走私、违禁货物监管和检验检疫等，其重心仍在于偷税漏税。对其他非税领域仍未完善，处罚手段还未完全涉及非税领域。

（二）荷兰海关与中国海关的对比

作为世界上最完善和先进的海关机构之一，荷兰海关的风险管理战略层、战术层、操作层的风险规划结合信息情报中心、风险管理专家小组和企业协调员层层推进，形成一个防控风险的强大体系。我国在风险管理方面也给予了足够的重视，海关总署设立了风险管理司。但是，我国海关的风险管理司司局并没有专门针对跨境电商的人员队伍。

（三）澳大利亚海关与中国海关的对比

澳大利亚海关对风险的看法是建立在经济学观点的角度上的，所以有了风险对冲的概念和做法。澳大利亚海关通过类似于税收学上起征点的概念，来避免税收流失风险和加强通关效率。这一点和中国的做法有类似之处，但由于中国的免税行为要在进行跨境电商行为下根据商品金额和后续行为的判定，这使通关效率有所下降。

（四）新加坡海关与中国海关的对比

新加坡海关将贸易系统作为风险分析监控平台、明确风险分析监控对象、全面的风险分析方法是值得中国海关借鉴参考的。新加坡的贸易系统可以极大地减少海关工作人员的工作量，降低基层工作人员的配置比例，但对自动化和各部门协调水平要求比较高。新加坡海关贸易系统的强大功能为风险分析提供了基础，他们努力明确风险分析和监控对象，全面改进风险分析方法，从而使资源配置更为有效。

（五）日本海关与中国海关的对比

日本海关的企业评估系统是我国海关当前研究的主要方向。目前我国海关只有厦门海关有独立的海关对企业的信用评估系统。同时，日本海关对审核申报、风险管理、AEO制度前移监管和后续稽查后移监管，最大程度上提高通关效率是我国海关很好的借鉴方向。由于我国海关的监管主要体现在中间入境环节，再加上跨境电商交易量大，严重影响了我国海关的通关效率。

第五节 目前我国跨境电商风险管理存在的问题

一、针对跨境电商的法律法规尚未完善

(一)存在于《电子商务法》中的主体认定问题

我国于 2018 年 8 月 31 日正式出台了《电子商务法》,并于 2019 年 1 月 1 日正式实施。《电子商务法》规定了申报制度,明确了申报责任以及为消费者的权利提供了法律保障。但《电子商务法》将电子商务经营者分为"平台""平台内"和"其他"三类,对主体认定依然比较模糊,这导致了跨机构电子商务进出境商品属性定义无法明确。

(二)海关进出境的税收问题

目前税改新政缺乏具体操作细则,国家有关部委及海关颁布有关跨境电商税改新政以来,以海关总署 2016 年第 26 号公告为例,其中内容只是为跨境电商进口模式提供了一个规范指导性的意见,并提出了正面清单模式,但是对于具体的执法要求以及一些在现场实地监管中发现的具体问题该如何操作细则并未明确,即使后面又陆续出台了诸如署办监函〔2016〕37 号、署办发〔2016〕29 号等相关补充说明文件,但仍无法从根本上解决问题。其主要问题有:

(1)应征进口税额相关规定不统一。根据《总署关于调整进出境个人邮递物品管理措施有关事宜的公告》(总署公告 2010 年 43 号)的内容,并结合《海关总署关于跨境贸易电子商务服务试点网购保税进口模式有关问题的通知》(海关文号:署科函 2014 年 59 号)中相关规定,跨境电商进口"应征进口税税额在人民币 50 元(含 50 元)以下的,海关予以免征"。但依据《中华人民共和国进出口关税条例》第四十五条中规定,应缴关税

税额在 50 元人民币以下的单票货物可予以免征。正因如此,上述法规在对跨境电商进口税为 50 元整的征收规定上存在矛盾。据电商企业反映,各试点城市对电商进口税征收存在海关执行不一致的情况。

(2)跨境电商进口税完税价格构成不明确。根据《海关总署关于跨境贸易电子商务服务试点网购保税进口模式有关问题的通知》要求,跨境电商"网购保税进口"以"电子订单的实际销售价格"作为完税价格,参照行邮税税率计征税款。但这样的规定下没有明确"电子订单的实际销售价格"具体组成部分。

实际上,电商商品的价格=商品价格+国内费用(国内快递、仓储服务、包装材料、报关报检等)+行邮税款。在保税管理范畴,根据《中华人民共和国海关审定内销保税货物完税价格办法》(总署令 211 号)中相关内容:"海关特殊监管区域、保税监管场所内企业内销的保税物流货物价格包含的能够单独列明的海关特殊监管区域、保税监管场所内发生的保险费、仓储费和运输及其相关费用,不计入完税价格。"电商企业提出,海关"电子订单的实际销售价格"应将商品入区后在国内产生的费用扣除。

(3)跨境电商企业备案要求不明确。跨境电商交易链条中涵盖主体广泛,包含电子商务企业、电商平台企业、物流企业、支付企业、境外企业代理企业、个人消费者等多种类型主体。按照《海关总署关于跨境贸易电子商务服务试点网购保税进口模式有关问题的通知》要求,参与试点的相关电商、物流等企业须在境内注册,并按照海关规定进行企业注册登记。同时,电子商务企业如需向海关办理报关业务,应按照《海关总署关于跨境贸易电子商务进出境货物、物品有关监管事宜的公告》(总署公告 2014年 56 号)中相关要求,并按报关单位注册登记管理规定办理注册登记。但从实际情况看,电商企业流动性大、素质参差不齐,诚信分类标准尚未建立,对跨境电商企业各类型主体性质缺乏统一、明确的认定指引,因此对申请备案电商企业备案材料的审查和作业要求、诚信程度判断、操作程序等均缺乏明确的执行依据。

（三）跨境电商的法律针对性问题

目前，我国没有发布任何关于跨境电商风险监管的法律法规。近年虽然公布了一些监管办法和规范性文件，但只是对现有监管制度的修补和改进。同时，这些规范性文件也很不完善，有些监管办法仍然有漏洞，如对国际物流快件的分类，仍然以文件、个人物品和货物来分类，由于个人物品的税率比货物的税率要低很多，有些跨境电商会把本来应该申报为货物的电商商品，故意申报为个人自用物品，以逃避纳税或少交关税。另外，现有监管办法对个人合理自用物品的规定也不明确，造成有些以个人携带入境的电商商品，海关无法判断申报主体是个人自用还是在境内转售，海关对此类商品到底是应征还是免征关税，无从参照，难以监管跨境电商的偷税漏税行为。因此，跨境电商监管相关的法律法规不完善，给海关对跨境电商的监管带来很大的风险防控问题，不利于跨境电商的良性发展。

二、海关难以准确统计跨境电商贸易数据

（一）过去的统计工作造成数据断层

海关统计作为海关的基本职能之一，其统计数据的完善性、准确性直接影响到国家的对外贸易情况。同时，海关统计数据是国内外众多学者的研究依据，更是国家财政政策、货币政策、对外贸易政策的制定和调整的依据。我国海关统计在初始时并没有将近几年随着互联网发展的新型热门产业跨境电商的零售部分列入专项统计数据列表。海关总署于2016年4月8日才将跨境电商的零售部分列入专项统计，并设立单独贸易方式。但 2016 年的统计数据已经无法完整剥离，造成了数据断层。

（二）目前我国海关的数据统计仍不够精确

我国目前跨境电商主要通过国际物流以包裹快递的方式进入我国关境，这些包裹有明显的碎片化和低值化特征。依据我国目前的规定，货物、文件、和个人自用物品是我国海关跨境快递包裹的三中基本形式。其中，文件基本不用征税，货物具有贸易的属性而个人自用物品没有贸易的属性。关税规定，货物的税率由于其贸易属性，税率要远高于个人自用物品。许多代购个体和小型企业由于利益的驱动，将货物申报为个人自用物品。因为跨境电商申报主体有多种，除了跨境电商平台自己向海关申报、海关可以判断该申报主体属于跨境电商外，其他在跨境电商平台上的商家或个人向海关申报，海关是无法判断该申报主体是否属于跨境电商的，因为我国工商部门的注册仍不能覆盖跨境电商平台上的大量商家与个人。海关和申报者之间数据的不完整性和信息的不对称性，以及无法从发票上评定商品的属性，导致了其属性难以界定。这在导致税收流失的同时，也导致海关的统计数据不够准确和完善。

三、信息化监管手段落后于跨境电商的发展

目前我国海关监管跨境电商贸易中的作用和传统贸易基本一致，我国的通关管理系统基本照搬贸易货物的监管。这样的管理系统导致了跨境电商商品进出口通关效率低和违禁物品防范不足两方面的影响。

四、海关信息及政策宣传不到位

目前我国民众对海关的职能和作用认识不到位，同时海关方面的普法宣传也很少。这导致了一方面民众觉得海关的信息和政策不够透明，另一方面民众对海关执法的遵从度不高。我国现如今灰色代购产业链横行,民众购买了大量违禁、超重物品入境,同时关税遵从度较低,为了逃避关税手段繁多复杂。这也给海关口岸执法人员加大了工作的难度。

五、专业人才培养不足

跨境电商是传统外贸运用现代的互联网和信息技术发展起来的新型国际贸易,它是传统国际贸易与高科技相结合的产物,革命性地影响了国际贸易的发展。一系列新技术的运用,让跨境购物变得越来越方便。跨境电商为我们的跨境购物带来方便以外,也给我们带来一些意想不到的问题,比如怎样确保买卖双方信用的真实性、确保跨境买到的商品都是正品,以及怎样监管跨境电商等。作为当今时代具有科技创新的新型外贸模式,跨境电商涉及的专业知识十分广泛,不仅包含了国际贸易、金融保险、物流服务等传统领域的知识,还广泛涉及互联网、信息技术、信息安全等高科技领域的知识。伴随着跨境电商的迅速发展,大量新技术和新知识正不断运用于跨境电商发展中,急需能够加快和引领跨境电商的健康发展且具备综合性知识的人才。但目前,这类人才还非常匮乏。我国大学还未开设跨境电商专业,高校毕业生所学的单一专业知识尚不满足跨境电商行业对复合型人才的需求。要具备跨境电商行业的综合性知识,只能通过不断的实践来充实,不但收效慢,还可能走弯路。跨境电商行业人才的匮乏,也导致对跨境电商监管人才的稀缺。海关要做好对跨境电商的监管,除了具备必要的行政管理法规知识外,还要具备跨境电商领域的综合性知识,因为海关关员只有充分了解跨境电商行业的相关知识,才能更好地掌握跨境电商行业的特点,从而对其实施有效监管。因此,培养跨境电商监管的专业人才刻不容缓。

第六节　对中国海关跨境电商海关监管风险管理的建议

一、完善风险管理法律法规

作为我国法治社会建立的保障,依法治国是各行各业实现良性与稳定发展的前提条件。跨境电商目前在我国已经取得了较好的发展,但要使其可持续发展,便要求海关在风险管理方面有较好的监管保证。我国海关对跨境电商风险管理的最基本的保障便是对法律法规进行完善。

(一)对《电子商务法》中经营者进行明晰修订

《电子商务法》将电子商务经营者分为"平台""平台内"与"其他"三类,主体认定的模糊导致了跨境电子商务进出境商品的属性定义无法明确。笔者认为,应该对"平台内"和"其他"两项给予各明确的细分。如"其他"可将代购作为一种职业纳入分类,以包容的态度对待该职业,以严厉的监管来治理该行业的乱象。

(二)出台具有针对性的跨境电商法律法规

目前跨境电商行业已经成为我国经济的新增长点,未来我国跨境电商随着全球化经济一体化趋势的深化还会有更大的发展潜能。但发展伴随着更多未知风险的产生,出台专门针对跨境电商的法律法规用以区别一般贸易,规避风险是有必要的。

二、建立完善的现代化信息监管体系

我国在新型跨境电商建设方面已经跨出了数据互通的重要一步,但由于其适用范围较小,还需要大范围的推广。同时,我国目前的海关信息管理系统相比起西方发达国家还是有一定的差距。海关风险监管系统在

智能设备和人员之间的配置尚未达到一个良好的状态。

（一）借鉴西方发达国家的经验，建立风险管理平台基本构架

西方发达国家的海关风险监管主要依靠科技手段来跟踪风险管理流程、缩短通关时间。我国目前跨境电商海关监管风险管理在通关过程中除了审单环节有智能化处理，其他的环节和风险管理流程基本依靠人工。这样无法有效缩短通关时间并提升通关效率。我国海关可以构建一个跨境电商进出境全程的风险管理平台，平台包含各种海关业务风险存在的可能性和案例类型、各个报关单位和各种报关物品潜在风险的可能性等。在前期试验期间，可以在单据和货物审单抽查环节进行人工和平台相结合的做法，验证平台的准确率和可行性。同时，海关依照平台的数据追踪功能也应该将先前防范风险侧重于税收风险向非税因素移动。

（二）区块链和大数据分析相结合，助力风险管理平台的建设

平台的建设离不开数据的收集、存储、传输和处理。目前税务部门正在积极利用区块链技术建立监管体系。海关部门虽然在过去的智能化平台建设落后于西方发达国家，但这是一个追赶的好机会，利用区块链的去中心化能使跨境电商交易双方的历史数据无法造假，提升海关风险分析的准确性。同时，区块链加密的性质能帮助海关更好地保密和存储数据。利用大数据的数据处理能力，使海关对各行业商品的风险等级进行评估。

（三）多部门协助形成风险管理监管体系

单靠海关内部建立风险管理平台来防范风险是不够的，因为海关的业务涉及税务、支付制度、缉私及工商管理等部门。所以，海关的风险管理平台还要和相关的行政部门进行数据的互联互通，才能在风险防范的事前、事中和事后进行更好的处理。

三、通过大数据挖掘开展精准监管

（一）跨境电商监管的风险信息识别与应对控制

1. 风险信息数据的收集

海关要对跨境电商进行精准监管,首先要了解和收集有关跨境电商监管的风险信息数据。但跨境电商这种新型的国际贸易,其业务类型多,业务复杂,申报的主体也多种多样,海关要根据跨境电商的特点,收集有关的风险信息数据。在海关日常监管工作中,应该从跨境电商的内部环境和外部环境入手,重点收集对跨境电商的监管影响较大的信息数据。

第一,跨境电商有关企业的经营信息数据。跨境电商的经营信息数据种类多样,主要关注和收集电商企业有无违法经营记录、有无偷漏税记录、有无制造销售假冒伪劣产品的记录、有无不良贷款的记录等信息数据。

第二,跨境电商有关的价格信息数据。主要关注和收集跨境电商商品的原产地、币种和汇率、物流运费、保险费、退税、离岸价格以及同类商品的国际和国内价格等信息数据。

第三,跨境电商有关的技术风险信息数据。作为传统外贸与互联网技术和信息技术等现代技术相结合而发展起来的新型外贸的跨境电商,各种技术尤其是信息技术对跨境电商的影响非常大,并很可能影响跨境电商的监管,因此需要关注和收集包括跨境电商平台的网络安全信息技术、支付安全技术、个人隐私保护技术、数据加密技术等与跨境电商有关的技术信息数据。

第四,跨境电商有关的海关业务类信息数据。重点关注和收集海关对跨境电商申报监管中查获的有关瞒报、虚假申报、偷税漏税以及危害公共安全等违法违规信息数据。

2. 风险信息数据的分类

海关需要对已收集的对跨境电商监管有较大影响的相关信息数据进

行分类。可以把所收集的信息数据按照报关单查获情况这一重要风险特征进行分类,找出其特征较集中的分类结果,这些特征的信息数据将作为海关对报关单是否进行重点监管的判断依据。再将没有查获报关单的信息数据进行分类,同样找出其特征较集中的分类结果,这些特征的信息数据将作为海关对报关单是否进行一般监管的判断依据。对所收集的跨境电商信息数据按监管的风险等级进行分类,是海关对跨境电商进行精准监管的重要前提。

3. 风险信息的预警及应对控制

通过对跨境电商的历史信息数据进行挖掘,产生报关单监管的不同风险分类结果以及相应的分类规则,这些分类的规则,以及有查获报关单和无查获报关单的特征信息数据,将为海关对跨境电商监管的风险评估和预测提供参考依据。海关可对跨境电商的申报通关或预清关的大量信息数据进行定性与定量分析。海关现在更多是对这些数据进行定性分类,即按照对跨境电商监管的影响是否重大来划分风险等级,还难以对监管的风险等级做到更精确的定量划分。为此,海关组织协调相关部门通过信息技术开发了一些新型跨境电商平台,与海关监管系统对接,创造出了新型的跨境电商监管模式,并已经开始试点。通过海关与跨境电商平台的信息共享,海关可以获取大量的跨境电商交易和通关数据,这就为海关对跨境电商进行更加精准的监管提供了条件。海关可通过对跨境电商海量大数据的挖掘分析,发现大数据中对跨境电商监管的风险规律和特征,从而对跨境电商监管的风险等级进行定量划分,以更加精准地对跨境电商监管的风险进行预测和分类,做到对跨境电商的精准监管。

对海关利用大数据开展对跨境电商的精准监管,提出如下建议和保障措施:

(1)海关应整合全国各直属海关监管信息系统,建立舱单和预清关管理系统,使得全国所有通关监管信息数据可及时查询和共享。

（2）海关在风险分析平台上，利用大数据挖掘技术和监管信息系统对跨境电商通关信息数据进行挖掘。充分挖掘数据价值，盘活数据资产。

（3）根据全国各海关的查获情况，对跨境电商企业或个人的各类信息数据进行挖掘，根据历史报关数据，按照查获情况，对各类电商企业或个人进行分类，区分对其监管的不同风险等级，对属于监管的高风险等级的地区、企业或个人信息记录在案，实施重点查验和监管。

（4）利用海关舱单和预清关管理系统，提前掌握属于监管的高风险等级的地区、企业或个人的进口商品信息，安排人员提前做好监控准备。一旦该类货物入境，马上实施重点查验，以保证低查验率的同时获得高查获率，进一步提高风险防控的效率。例如，通过信息数据挖掘，判断一个做跨境电商的重点个人是否为了逃税而经常从事非贸渠道代购，可通过海关监管信息系统查询该重点个人是否经常通关被查获、是否有补交征税记录或物品暂扣代保管记录。如该重点个人确有多次被查获记录，那么海关可将其列为重点监控对象，实施重点监管。通过舱单和预清关管理系统，海关可提前掌握该重点个人将要入境的信息，并提前做好人员部署。

（5）为保证低查验率能够获得高查获率，且保证实现以最少投入的监管资源成本甄别到对跨境电商监管的最大风险，对于大数据挖掘分析属于监管的低风险等级的地区、企业或个人进口商品，则应该使用通过人工抽查和机器查验相结合的方式，从而做到对跨境电商的精准监管，并使监管的风险得到有效降低。

（6）为了破获大案要案，加大对走私和偷逃税等不法跨境电商的震慑力度，海关总署的风险监管平台可以利用风险监管系统，对全国海关通关系统的数据先进行一般的数据风险分类筛查，筛选出跨境电商监管的低风险和高风险的数据，然后再利用更复杂的数据挖掘技术，对跨境电商监管的高风险数据进行深入挖掘分析，找出其中监管的风险特别高的少数跨境电商,对其跨境货物的通关信息提前通知相关海关口岸做好预案部署,并注意监管信息的保密工作,以确保查验的突然性和有效性。

通过大数据挖掘,分类预测出对报关单监管的高风险和低风险的信息数据,当预测到高风险的信息数据时,海关应立即启动风险信息的预警。另外,如果发现存在对跨境电商的监管产生重大影响的事件信息,海关同样应该马上进行风险预警,而不能通过正常的信息收集、分类、上报、处置等流程,以致贻误战机,失去防控风险的最佳时机。因此,当发现有如下对跨境电商风险监管有重大影响的事件信息,马上要进行风险预警。

第一,跨境电商企业经营发生重大变化的信息。这类信息主要包括跨境电商企业经营不善而破产、跨境电商企业发生债务危机、跨境电商企业涉及商业诉讼、跨境电商企业违法经营等。

第二,跨境电商企业管理结构发生重大变更的信息。这类信息主要包括跨境电商企业管理者涉案、跨境电商的管理层发生重大变化等。

第三,与跨境电商有关的宏观政策发生重大变化的信息。这类信息包括国家对某类跨境电商商品实施进出口贸易管制等对跨境电商监管有重大影响的宏观政策信息。

一旦海关通过大数据挖掘预测到将对跨境电商监管带来高风险的报关信息,或发现对海关监管跨境电商有重大影响的事件信息,在上报风险预警后,风险应对及控制程序就开始启动。一线海关把高风险信息通过风险预警平台上报海关风险管理部门。海关风险管理部门收到风险预警后,马上启动风险应对及控制程序,按照预案,通过海关内部信息网向所有口岸海关发布风险应对控制指令,指示所有口岸海关通过舱单和预清关管理系统,查询重点对象可能的入境信息,对其提前做好监控准备,与边检启动风险联动机制。一旦该重点对象入境,海关马上对其进行重点查验,从而实施精准监管。

四、采用专业设备配备

对跨境电商这种高科技产物的监管,除了需要海关关员提高风险管理意识,运用先进的计算机软件对跨境电商数据开展大数据挖掘而判断并预测跨境电商的监管风险外,运用先进的查验设备等硬件来加强技防也是必不可少的。它不仅能减轻海关人手不足的压力,而且还能提高查验的精确度和提高通关的效率。

(一)邮递包裹分拣设备

跨境电商通过邮递包裹形式通关入境的数量非常庞大,如果通过人工查验,不仅费时费力效率低下,而且查验的效果还不好。因此海关对邮递包裹进行监管的货检渠道需要配备邮递包裹分拣设备,它不仅能够对邮递包裹进行快速的分拣,还能把邮递包裹从一般贸易的货物中快速地分离出来,以便后续对其集中查验,提高查验效率。快递包裹分拣设备系统能把查验后的包裹分拣到不同的出口,以便跨境电商国内的物流快速收货发运。海关邮递包裹分拣设备还可与跨境电商平台的系统联网,以便跨境电商平台共享数据,可以查询实时快递包裹信息。

(二)移动辅助查验设备

以保税仓通关方式进行海关监管的跨境电商数量同样较多。保税仓通关模式是跨境电商的国外卖家先把整批商品发货到目的国海关的保税区,并存放在保税仓中,等跨境电商平台上有买家购买该商品并确认订单后,再从保税区申报出仓运到买家手中。因此,保税仓通关模式需要配备大型的移动辅助查验设备,来对先期入仓的货物进行流动查验。由于移动查验设备具有移动方便、查验准确的特点,并且可以进行货物的不开箱检查,非常适合对跨境电商这类数量大、品种多的电商商品的检查。它不仅可以在保税仓中快速检查,提高查验效率,还能节省跨境电商商品在保税仓的停留时间,使企业的物流仓储成本得到有效的控制。

（三）手持式查验终端设备

跨境电商商品通过个人携带方式从非贸旅检渠道入境的数量也越来越多,并且有很多人是通过在身上藏匿的方式,以躲避海关监管。由于涉及人权,海关对可疑人员无法采取搜身的检查方式,因此在海关旅检渠道配备手持式非接触查验设备将非常有必要,它不仅可以对可疑人员方便地进行查验,也可避免不必要的麻烦。由于手持式 X 光机查验设备具有轻便小巧的优点,它能快速查验出可疑人员是否体内藏毒,或携带枪支弹药等违法违禁物品,还能抽查跨境电商行李及其中的物品类别。因此,海关现场配备手持式查验设备将能提高海关的监管水平和监管效率。

五、加强海关和企业的合作

目前我国海关帮助企业理解和解读海关政策主要是通过海关总署和各大关区的网站,由于企业管理人员缺乏相关法律知识并可能存在理解误差。通过网站解读的形式与日益发展的跨境电商不相适配,存在着企业产生通关过程中潜在风险的可能性。所以,我国可以借鉴国外的企业协调员制度,为跨境电商企业搭建人工解读平台,帮助并协调企业与海关之间存在的理解误差,并加强海关与企业的合作。

第五章

跨境电商立法比较研究

当下世界正处于跨境电商贸易的飞速发展时期,发达国家团体之间政策矛盾和利益分歧更加明显,国际上各国立法的状况致使全球共识和标准在短时间内无法面世。发展跨境电商贸易对于我国经济发展具有重要的战略意义。法令既是电子商务发展十分必要的软环境,也是开展国际电子商务竞争的有效方法之一。我国作为电子商务贸易的新兴大国,正努力谋求与自身跨境电商实力相当的地位,加快完善国内立法,并积极参与国际跨境电商条约、规则的研究和制订工作。本章内容中,介绍了欧美国家的立法经验,分析了我国的立法现状,由此总结出在电子商务规则制定方面,既要正视由美、欧等发达经济体所推行的电子商务高标准规则的先进性和引领性,积极通过国内改革来适应有利于中国经济发展的规则,吸收和借鉴规则中的有利部分,也应通过多边、区域、双边等层面,代表新兴经济体、发展中国家、金砖国家和东亚国家的利益,平衡发展中国家和发达国家的利益诉求,坚持在跨境电商国际新规则制定工作中的主导地位,进一步推进符合我国国家经济发展利益的跨境电商规则体系构建,保障我国在世界电子商务发展中的国家根本利益。

第一节　跨境贸易电子商务立法背景

一、全球跨境电商的立法原则

就政府监管与跨境电商的关系而言,国际上多奉行市场主导的核心原则,要求政府尽量避免对跨境电商作不必要的干预。事实上,合理有效的政府监管措施有利于跨境电商的良好有序发展，但值得注意的是，政府监管应持克制态度，尊重电子商务发展的客观规律，因势利导，顺势而为。海关对跨境电商的监管应当紧紧把握"信息流、物流、资金流"三大监管要点，厘清在跨境电商活动中，各参与主体在海关监管活动中的地位和角色，依法合理实施监督管理。跨境电商海关监管的主要对象是跨境电商交易行为。每项跨境电子交易中，除买卖双方（跨境电商企业和买卖者）之外，一般还会涉及电子商务平台企业、中间支付企业、快递物流企业、发货方、收货方和支付方等多个主体，它们都在一定程度上参与并协助完成了电子交易行为。政府所制定的贸易规则，无疑在激发本土企业发展活力、保护国内产业、抵御国际大型企业倾销等方面具有至关重要的作用。虽然目前全球各国的跨境电商立法背景和立法目的不尽相同，然而在主要立法的思想上有着异曲同工之处。

（1）立法着力点是法律领域。由于目前在跨境电商领域中尚无成文法规，需要制定合理的法规予以规范引导。对于当前已存在部分适用法规的跨境电商领域，应考察现有法律的条例和规范与跨境电商发展当今的状况和未来发展趋势是否有相悖之处，对于现有跨境电商法律中合理积极的部分应予以保留并推广，对于阻碍跨境电商发展的法规律令应及时调整和更新。

（2）立法出发点是发展跨境电商市场。跨境电商立法应基于行业规则与行业发展而搭建牢固的基本构架，而不能对创新从业者的手脚造成束缚。立法是为了降低跨境电商风险，守住底线，用法律手段阻止安全威胁性事件及系统性风险的行为，而不能干预行业的未来发展方向；立法是为了在贸易者面临贸易纠纷时能够有法可依，运用法律手段在纠纷中捍卫自身正当权益，而不是破坏市场交易氛围和贸易机会的手段。对于立法者并不熟知的，并且行业发展速度远超理论更新的跨境电商领域，法律应以规范化为主导方向，划定出主要的风险集中区域，同时将跨境电商中必须禁止的贸易行为明示出来。

（3）立法的特征是灵活且包容。面对动态且多变的行业状况，跨境电商立法应保持一定的弹性和灵活性，为适应快速变化的贸易市场保留余地，并为未来根据行业发展变化而进行进一步的修改和扩充留下空间。

二、跨境电商立法的主要思路

面对跨境电商的蓬勃发展，如何对跨境电商进行有效监管和规范成为国内外跨境电商监管机构备受关注的问题。比如，怎样合理规范贸易往来中的资金流和信息流，如何禁止跨境电商中买卖的违法商品利用网络平台非法地跨境流通，对于热度高且难度系数大的知识产权和商业机密的相关商品违法输出国境问题如何有效治理等规则要点。为了跨境电商的积极健康发展，为该行业营造良好的市场发展空间和监管执行环境，制定完善的合理规范的应对措施和制度显得尤为重要。

法律制度是跨境电商中最主要的监管手段，也是世界各国监管部门规范各种贸易活动的主要方式。运用立法的方式对跨境电商进行规范，具体实施方法和操作方式多种多样，不一而足。在其他跨境电商较为发达的国家的法律法规中可以发现，有些国家制定特定法律来针对特定对象或者就其某个方面进行针对性的约束治理；而有些国家则对已有的法律进行大量的改进和补充，增加普适性和规范性的条款，使之能够包含新出现情况，在不违反原有法律或者增加新法律的基础上，成功地将跨境电商法律法规纳入成熟的法律体系中；更有国家先制定规范条例，采用特事特办的方式，一事一议。然而，不管立法工作采用怎样具体的的方式和措施，根本的立法思路都大同小异，主要在交易环境、交易主体和税收三个方面施加合理的法律监督管理。跨境电商立法，必须坚持在原有法律的基础上，结合电子商务的具体发展特点，作出有合理针对性和广泛适应性的立法，而税收方面的立法则涉及境内税收负担的问题，以及跨境电商税负国际分配的问题,具体的立法措施将关系到税负这一重要经济要素对一国乃至世界的跨境电商的发展产生影响。

第二节 国外跨境电商立法现状

一、国际组织立法现状

(一)世界首个电子商务法律《电子商务示范法》

国际组织立法的实践——联合国贸法会联合国国际贸易法委员会(UNCITRAL,以下简称贸法会),作为国际间跨境电商立法的中心组织,正积极开展电子商务法律问题的相关研究,为推动世界各国跨境电商立法提供统一合理的法律依据和规则指导。1996 年 12 月,贸法会正式将"电子数据交换(EDI)"改称"电子商务"(electronic commerce)。同月,联合国大会通过的《电子商务示范法》是世界上第一个关于电子商务的国际法律,该法详细规范了电子商务交易的流程,包括对数据电文的书面形式、电子签字、法律承认、数据电文、原件的可接受性和证据等内容均作了详细规定。由于各国法律制度现状的差异,因此《电子商务示范法》在许多方面只确定基本原则,不制定具体规则,如交易安全原则、非歧视原则、技术中立原则、功能等同原则、电子记录效力原则、当事人自治原则、国际协调原则、不干预原则,其中备受关注的是技术中立原则和功能等同原则。虽然《电子商务示范法》在立法性质上既非国际公约,也不是国际惯例,且不具有任何强制性,但后续对各国电子商务的立法活动产生了重大的示范与推动作用。

(二)整体的法律框架《电子签字示范法》

2001 年 12 月 12 日,联合国大会第 56 届会议根据第六委员会的报告(A/56/588),通过了《电子签字示范法》,对电子签字的定义、符合电子签字的要求、适用范围、证明服务提供者的信赖方的行为和行为签字人、对外国证书和电子签字的认证等重要问题都作了详细的规范，为电子签字流程构建起了整体的法律框架。作为《电子商务示范法》的有益补充，两部法律共同确认了电子签字等同于手写签字的法律效力。

（三）法律解释性框架《国际合同使用电子通信公约》

《国际货物销售合同公约》是由联合国国际贸易法委员会主持制定的，1980 年在维也纳举行的外交会议上获得通过，并于 1988 年 1 月 1 日正式生效。但随着电子技术的发展，其在适用范围、"货物"和"书面形式"的界定、要约和承诺的内涵等诸多方面都面临着挑战。2005 年 11 月，联合国大会正式通过了《国际合同使用电子通信公约》。该公约意在为使用电子通信订立商事合同中所涉及的法律问题提供解释性工作框架。公约包括电子通信和自动电文系统的定义，当事人的所在地，对电子通信的法律承认、形式要求，发出及收到电子通信的时间、地点以及合同条款的提供备查、要约邀请自动电文系统在合同订立中的使用等内容。公约在立法过程中充分遵循了"技术中立"和"功能等同"的立法原则，并承认当事人的自主意愿，即当事人根据自身情况，排除《电子通信公约》的适用。《电子通信公约》不仅借鉴和继承了《电子商务示范法》和《电子签字示范法》的立法原则和立法经验，也与《国际货物销售合同公约》拥有许多共同的特点，保持了立法原则的统一性。公约为国际跨境电商订约制定了统一的规则范本，加强了使用电子手段订立合同的法律有效性，有利于推动跨境电商的健康发展。

（四）在线纠纷解决机制 ODR

由于传统司法解决方法难以有效的解决跨境电商纠纷，从 20 世纪 90 年代开始，基于在线纠纷解决（online dispute resolution，ODR）的经济性和便利性特征,一些国家对 ODR 倍加重视并对其进行研究和推广运用。2003 年,美洲国家组织大会召开了第七届美洲国际司法特别大会,2005年,该会议被授权围绕消费者保护草拟议定。2009 年 12 月,阿根廷、巴西、巴拉圭提议,赋予消费者所在地法院对此类案件的管辖权,进而否认法院在 B2C 交易中选择条款的效力。加拿大也提议将跨境电商纠纷交由消费者所在地的法院直接管辖。对此,美国政府代表认为,建立一个与现有司法体系并行的、全球性的 ODR 体制,既能实现加拿大、巴西等国提议的初衷,为消费者提供便利保护,又能避免跨国诉讼中所伴随的成本过高、管辖不明的问题。[①]2010 年 2 月,美国向美洲国家组织提交了一份统筹的解决草案,意在为跨境电商 ODR 提供国际统一管理规则,其核心文件为《跨境电商消费者纠纷电子解决草案》。虽然目前美洲国际私法特别会议未能就跨境电商 ODR 形成共识,但其成员国对这一问题的广泛讨论和合理建议为其他国际组织的后续研究提供了有益的借鉴经验。

二、美国立法现状

美国是互联网发源地,同时也是世界上跨境电商发展最为成熟的国家,从基础设施到应用发展,美国政府全面支持互联网的发展建设。2013年,美国不仅是全球最受欢迎的跨境市场,而且是世界上最大的在线零售市场,占比 45%。[②]2018 年,美国电商市场继续平稳发展,每年增长均速保持在 15% 左右,在线零售的比例首次超过 10%,并且一直处于逐步上升的状态。美国政府一直以互联网贸易处于发展初期为理由,采用税收减

① Colin Rule, Vikki Rogers, Louis Del Duca, Designing Global Consumer Online Dispute Resolution(ODR) System Cross-Border Small Value-High Volume Claims—OAS Developments[J]. *Uniform Commercial Code Law Journal*, 2010(3):221—264.

② 尼尔森"最受欢迎跨境市场的调查":美国 45%、英国 37%、中国大陆 26%、中国香港 25%、加拿大 18%、澳大利亚 16%、德国 14%。

免、鼓励投资等措施营造促进电商发展的便利环境。①

（一）美国跨境电商立法的诞生

1996年，美国克林顿政府签署了《全球电子商务纲要》，这份文件被誉为标志着美国进入全面信息化时代的"独立宣言"，由此将因特网设立为"免税区"，强调电子商务免税原则、税收中性原则、国际税收协调原则等。1997年，美国再次发布了《全球电子商务框架》（以下简称《框架》），进一步明确了美国对于无形商品、网上服务等通过网上进行的交易，一律采取免税措施；对网上交易的有形商品，其税赋应对比现行规定进行办理。该《框架》确立了互联网独特性质、政府避免不恰当限制、企业主导、全球视野以及政策可预测五大跨境贸易管理原则。该《框架》对我国跨境电商立法中的政府定位、指导思想和立法原则具有重要的参考意义。

（二）走向末路的《互联网免税法》

1998年，美国国会通过了美国历史上第一个正式的有关网络经济税收方面的法律《互联网免税法案》。该法案明确"信息不应该被课税"。该法案的有效期由最初的三年一直被延长到2004年。2004年，美国各州才逐渐开始对电商贸易实行部分征税的政策。2013年5月6日，美国通过了《市场公平法案》以征收电商销售税，此法案立足于解决不同州之间在电子商务税收领域划分税收管辖权的问题，除在线年销售额不满100万美元的小企业享有豁免权外，对各州内年销售额100万美元以上的网络零售商征收销售税，主要以电商作为介质进行收缴税费，最后统筹于州政府。2014年7月，众议院通过了一项被称为"永久性互联网免税法"的法

---

① 搜狐网：《2018年跨境电商美国卖家的生存报告》，来源于 https://www.sohu.com/a/257222758_763455，2020年1月15日访问。

案,用于替代《互联网免税法》。此外,美国参议院还提出"市场和网络公平税收法案",进一步允许各州对向其境内消费者销售的境外零售商征税。通过该法案,可见互联网交易免税的政策即将结束,电子商务税收的合理性和必然性日益清晰。

（三）引以为鉴的跨境贸易电子商务海关监管

美国海关和边境保护局（CBP）作为美国边境最大的执法机构,在对电子商务进行有效监管方面一直面临着各种挑战。按照美国跨境电商法律的有关规定,任何公司、团体及个人都可在网络上购买国外的合法商品或有关服务,但禁止通过电商渠道进口可能对公众健康造成威胁、不符合安全健康标准及受配额限制的商品。征收关税并不是CBP的工作重点,其工作重心在于对食品健康、商品安全及知识产权侵权方面的监管。同时,美国将网购商品按照货物价值分为三个等级,并规定了不同的监管方式,实现低额商品快速通关放行、中间值商品简易申报、高价值商品正规申报等分类处理的监管政策。美国海关在跨境电子商务领域秉承协调性原则和国际合作原则,实现与多国邮政系统的数据互联共享及协助,有效推进了美国跨境电子商务的发展。

（四）未来可期的电子商务工作规划

自世贸组织第十次部长级会议以来,美国意识到世贸组织成员国仍然处于定义术语、研究影响以及研究如何更好地处理新的世贸组织电子商务或者数字贸易工作的时期。全球贸易流中涉及电子化或数字化的占比迅速增长,以及不少成员国在探索数字贸易与经济发展间的积极联系存在明显利益。美国认为,通过各种方式进行国际间商议对于促进跨境电商的蓬勃发展是尤为重要的。为此,2016年7月1日起,美国对外发布了非正式的电子商务工作规划文件。该规划主要包括以下内容:

禁止数字海关业务。完全禁止对数字产品征收关税可以确保关税不会阻碍音乐、视频、软件和游戏的流通，从而让创作者、艺术家和企业家在数字贸易中获得公平对待。

保障非歧视基本原则。它是全球商品和服务贸易体系的核心，明确说明国民待遇原则和最惠国原则适用于数字产品的规则可以直接地利于数字经济的稳定。

实现跨边界数据流。企业和消费者必须能够按照自己的意愿来移动数据。许多国家已制定规则，阻止扼制竞争和使数字化企业家处劣势地位的信息自由流通。制定适当的贸易规则可以通过保护数据转移达到抵制这些歧视性障碍的效果，但需要拥有诸如出口时保护消费者数据的合理的保护措施。

发展自由开放的互联网环境。自由开放的互联网环境使新兴和颠覆性的互联网服务的创造和发展得以实现。这样的网络服务改变着我们现今的社交网络、信息、娱乐、电子商务和其他服务。因而，互联网应该维持免费，并对所有合法商业目的开放。

阻止本土化障碍。依赖云计算和提供基于互联网的产品和服务的企业和数字化企业家在各国寻求服务时不再需要配备基础设施和开销大的数据中心。这样的本土化要求不仅会增加不必要的成本，而且加重对诸如提供者和消费者的负担。不过，贸易规则可以帮助完善网络访问和提高数据处理效率。

阻碍强制性技术的转让。关于取决于强制性技术转让的市场准入的要求抑制了电子商务的发展和数字经济蓬勃发展。贸易规则可能规定禁止企业转让技术、生产工艺或其他专有信息的要求。

保护关键源代码。创新者不必将其源代码或专有算法移交给竞争对手或监管机构及国有企业。重要的是应确保企业不必为了进入新市场而共享他们商品或服务的源代码、商业秘密或替代性本地技术，而是保留当局获得源代码的能力,以便保障健康、安全或其他合法监管目标。

确保技术选择。创新型企业应能够利用效果最好又满足其需求的技术。例如,销售手机的企业应能在诸如无线网和 LTE(线路终端设备)的无线传输标准中进行选择。贸易规则则可以确保,通过规定企业不需要购买和利用本地技术,而是使用自己选择的技术,从而发挥技术选择的作用。

提高创新认证方法。多种电子签名和认证方法的可用性通过诸如安全在线支付系统的机制对用户及其交易进行保护。贸易规则可以帮助确保供应商可使用自认为最能达到他们目的的方法。

保护网络竞争。无论是着陆海底电缆还是扩展数据和语音网络,为了更好地与消费者和企业对接,实现数字供应商能够在他们所服务的市场中建立网络或从现有公司获取这些设施和服务的效果是非常重要。

促进创新加密产品。加密日益被视为解决数字生态系统中隐私和安全保护的重要工具。有些规则可以规定为满足消费者和商业对保护安全性和隐私性的产品特征的需求,应对加密产品中的创新部分进行保护,同时允许在与适用法相一致的通信范围内执法。

构建数字贸易的适用框架。应当保护新型和创新的数字产品和服务免受未来歧视。即使市场发生变化、出现创新技术,对服务和投资基于贸易的保护也应继续适用,除非有具体的谈判的例外适用。

维持市场驱动的标准化和全球可互用性。创新者不必为他们寻求服务的每个市场设计不同的产品;这就是为什么我们拥有令行业处于领先地位和有最好技术的全球标准进程的原因。贸易规则可以协助确保各国不能随意提出将竞争力较弱的国家标准强加于创新产品的要求。

确保更快、更透明的通关流程。《WTO 贸易便利化协定》中的各项规定可以对数字贸易起到非常直接的推动作用。行政和边界障碍往往是一个比数字化设备出口国征收关税更大的问题。

提高透明度和利益相关者法规和标准的完善制定的参与度。新法规和标准的制定可对那些生产周期短、监管环境不断改善的信息和通信技术供应商构成重大挑战。对电子商务或数字贸易的有利环境要求对新的监管措施、标准和合格评定程序的透明度、利益相关者参与度、协调和影响评估方面作出强有力的承诺。

辨识一致性评估程序。一致性评估程序验证包括信息和通信技术在内的产品是否满足所需标准和技术规定,但过度繁重的合格评定程序可能阻碍此类产品的出口。合格评定中的"国民待遇"可以是促进与数字经济相关的产品贸易的重要手段,以至于由一个有资格的合格评定机构进行的测试和认证将被接受,视为符合另一方的要求。

综上可见,对比于关税征收,美国在法规制定方面更关注跨境电商在知识产权、贸易安全方面的风险把控。此外,美国按货物价值将网购商品分为三个等级,并规定了不同的针对性监管方式,从而实现低价值商品快速通关放行、中间价值商品简易申报、高价值商品正规申报的分类处理的监管模式。同时,美国海关在跨境电商领域秉承国际合作原则和协调性原则,进一步实现了与多国邮政系统的数据互联、协助共享,有效推进了美国跨境电商的快速发展。

三、欧盟立法现状

欧盟作为世界经济领域中最有力的国际组织,其电商领域的发展一直处于世界领先水平。欧盟的跨境电商政策与立法对我国立法有一定的借鉴作用。欧盟在其电子商务统计中出现的跨境电商名称和有关内容并没有给出明确的含义,主要是指国家之间的跨境电商。

(一)电子商务基本法

欧盟委员会在关于电子商务税收问题上,于 1997 年 4 月推出了《欧盟电子商务行动方案》，明确欧盟必须在管理框架、信息基础设施、技术和服务等方面做好充分准备，从而提出了行动原则。该方案认为，修改现行的税收法律和原则比开征新税和附加税更有实际意义。其中，欧盟的《电子商务指令》和《电子签名指令》两项法律文件①构成了欧盟国家电商立法的基础和核心。1997 年 7 月，20 多个欧盟国家参加的欧洲电信部长级会议上，通过了支持并推动电商发展的《伯恩部长级会议宣言》。该宣言主张，官方应帮助民间企业自主发展以促进互联网的商业竞争，扩大互联网的商业应用并尽量减少不必要的电商限制。②1998 年，欧盟开始对提供网上销售和服务的供应商征收营业税并对电子商务征收增值税。为协调欧盟各成员国之间的电子签名法律，欧盟于 1999 年 12 月颁发了《电子签名指令》，将电子签名区分为简单、一般和严格三类，并根据技术的安全级别，给予不同的法律地位，在法律上，诸如证据的效力等方面进行区别对待。随后，在 2000 年 6 月，欧盟委员会通过了《电子商务指令》法案，以规定对通过互联网提供的软件、录像、音乐等数字产品视为提供服务而不是销售商品，应等同于目前的服务行业一样征收增值税。

欧盟认为良好的电子商务监管框架是公开透明的，包括增强消费者信心和加强贸易的措施。虽然消费者信心不是一个贸易政策主要的关注对象，但多层次广泛的工作承诺恰到好处地制定这样的监管框架，有助于构建一个有利于电子商务发展的环境。为增强跨境电商交易的透明度，

---

① 从一般概念而言，欧盟各个机构可以制定"条例（regulations）"、"指令（directives）"、"决定（decisions）"、"建议（recommendations）"和"意见（opinions）"。（根据经《里斯本条约》修改后的《欧盟运转条约》所认可的欧盟法（Legal Acts of the Union）的形式规定于该条约的第 288 条）依据欧盟基础法律的相应规定，欧洲议会与理事会、理事会与委员会均可共同制定条例、发布指令、作出决定。指令，对于其所要达到的结果而言，对欧盟各成员国具有约束力，但在形式和手段方面则由各该本国机构选择。也就是说，指令在其欲达到的结果上约束成员国，而由国内机关在实施该指令的形式和手段上具有选择权。

② 中国经济时报：《美国：电商税收优惠的鼻祖》，来源于 http://finance.jrj.com.cn/2016/08/24093021361171.shtml[2016-08-24]，2019 年 12 月 23 日访问。

欧盟及时公布与电子商务有关的措施和措施草案,使各成员国有机会对这些措施发表意见。在贸易政策审查会议上重点关注电子商务政策,系统地处理与电子商务有关的政策,例如在每个秘书处报告中设立专门有关电子商务的章节内容,加强成员国的信息交流,并将在横向工作方案的专门会议中探讨共同问题。通过上述法律文件的颁布,欧盟进一步明确了建立统一、概括、清晰的电商法律框架,表明了欧盟与其他国家和地区加强合作,共同促进全球性电子商务的业务发展,制定合理法律规则的意图。

(二) 关税与海关代征税制度

(1) 关税。欧盟规定,对于商品价值在 150 欧元以下的,个人从欧盟境外邮购的商品,免征关税;而商品价值大于或等于 150 欧元的,均按照商品在海关关税目录中规定的税率征收关税。值得注意的是,关税的税基包括商品价值和进口增值税的总和,而不仅仅是商品的自身价值。商品包装的外侧需要附上外文账单等证件,以便海关督查时确认商品价值;而报关单上的申报价值要求与账单金额一致。一旦账单或报关单不全,或者出现二者价值不一致,很有可能致使欧盟海关扣下包裹,同时通知收件人补交进口增值税和关税;若收件人未能及时回应,通常情况下,包裹会在两周到三周内被退回给发件人。①

(2) 增值税。目前,欧盟对于企业通过网络购进的商品进行普遍的征收增值税。1997 年 7 月,欧盟签署的《波恩声明》中规定,不对国际互联网贸易征收关税,但不排除对部分网上交易征收商品税。在 1998 年 6 月发布的《关于保护增值税收入和促进电子商务发展的报告》中,欧盟认为不应将发展电商与征收增值税设立在对立位置,决定对于欧盟企业通过电商平台购进商品或劳务时,不论其供应者是否为欧盟成员,一律征收

---

① 刘风:《国外电子商务标准发展概况》,《中国质量技术监督》2005 年第 10 期,第56—57 页。

20%的增值税,并由欧盟购买者负责扣缴。非欧盟企业只有与欧盟企业进行电商贸易时会缴纳增值税,与欧盟成员国中的个人消费者进行电商贸易时则不需要缴纳增值税。[①]

（三）消费者保护制度制定

构建消费者保护的监管框架,实行措施以保护消费者在从事电子商务时免受欺诈性和欺骗性的商业惯例;进行消费者保护机构之间的国际合作,建立有关隐私保护的监管体系,实行保护电子商务用户个人信息的措施;有关网络安全的监管方面,实行包括刑事禁令和法律制裁在内的打击网络犯罪的措施;制定有关未经请求通信的规则,如要求供应商提高收货方的防范能力以防止持续接收未经允许的通信或接收信息需要收货方同意的规则。

（四）知识产权保护制度

有关知识产权保护和执法问题的讨论是电子商务和数字经济讨论的重要组成部分,其在包括世界知识产权组织（WIPO）和世贸组织理事会（TRIPS）在内的许多国际组织中得到解决。2003年《欧盟知识产权海关保护条例》中并无关于少量货运的特别规定程序。但伴随着跨境电商贸易量的不断增加,海关低于侵权行为的严格把控方式不断出现使得侵权人选择更为隐秘的手段化整为零将侵权产品跨境运输,从而加大了边境执法难度。2013年,欧盟制定了针对少量货运的特定（销毁）程序。进一步严防零散的侵权行为。[②]

---

① 李绍平、徐嘉南:《欧盟电子商务增值税政策对我国的启示》,《哈尔滨商业大学学报》(社会科学版)2006年第2期,第56页。

② 范娜:《跨境电商中知识产权保护的困境与对策研究》,《北方经贸》2019年第5期,第78—79页。

（五）贸易促进制度

为促进电商贸易发展,欧盟还通过制定规则,确保消费者和运营商可以在互联网上访问并使用合适的服务和应用程序,进一步将消费者和运营商相互选择的最终用户设备通过互联网连接;解决关于许可要求和程序的规定在内的相关问题;禁止事先授权而提供的在线服务从而使许可证在离线和在线交易中同时有效。通过监管措施(即制定支持支付业务的必要监管框架)和自由化措施(即确保具有竞争性的支付服务市场)确保互联网和网上银行所进行的电子支付。"服务贸易总协定"制定了关于接入和使用电信网络业务的基本规范,其为成员国之间电子商务监管框架的制定奠定了基石。此外,有关电信交易的相关法规条文还包含解决电信市场监管中各种基本问题的规定。例如,规定监管机构的独立性、相互联系性和反竞争性;制定规则以确保电子签字的法律效力;交易双方可自行协商,采用合适的身份认证方式进行网上交易,从而使该交易达到预定的执行标准和认证要求。欧盟通过互联网组织各交易主体参与政府监管规则的制定程序,并允许交易主体在一定程度上参与这些程序的执行过程,以解决商品和服务数字标准化的问题,促进电商贸易便利化。

四、日本立法现状

日本海关法律一直将促进跨境电商贸易便利化的税收公平作为其主要原则。进出口货物,特别是进口货物在通关过程中不但要被征收关税,还要办理各种通关手续和接受海关检查等,与国内货物的流通相比,处于明显不利地位。因此,如何使得通关更加便利,对于大量的重复进口货物的关税征收实行便捷的通关手续,对于一些价值不大的进口货物实行无申报便捷通关,便成为日本海关法律监管要考虑的主要因素之一。日本海关为此着重推行下列政策:更新查验设备并修订相关法律以确保边境安全;制定并执行公平合理的关税政策,实现本国经济的健康发展;扩大AEO项目的参与者和合作者;充分利用信息技术,致力于提高海关清关程序的效率;积极参与 WCO 和 WTO 政策的制定和实施;提高海关管理效率和透明度。针对以上海关管理政策的变化趋势,日本海关进行了以下改革:为了促进贸易便利化和提高安全水平,每年都会根据各方的建议,对相关法律法规进行修订;实现了对货物从装/卸环节、经保税区域流转到国内市场配送的全程监控;充分利用信息技术,提升海关通关程序的效率和便捷程度。例如,正在研发下一代单一窗口系统(SWS);此系统在海关监管跨境电商方面,能够有效及时地提供相应信息,从而为海关监管电子商务指引了方向。除此之外,日本海关也一直在研发高科技检查设备,此类新系统和新技术,都可以很好地为海关监管电子商务提供思路和方法。

（一）大型立法《关税法》

《关税法》由 11 章和附则构成,一共 140 条,是日本的一部大型立法,也是其最主要的海关法律之一。日本每年度都要通过国会立法程序对其进行修改,以应对通关便利化的要求。其第一章第一节的第一条即规定了货物进出口的相关海关手续。第二条对进出口、外国货物、国内货物、附加税、外国商贸船机、沿海通航船、开放港、海关空港等作出了明确的定义。第三章规定了船舶和飞机的出入港手续、货物装卸,特别规定了出入港的简易手续、特殊船舶出入港的简便手续海关业务时间外货物的装卸、外国货物的暂行卸货上陆等。第六章通关规定中,规定了进出口许可、进出口申报的时期、文件及检查手续、进出口的原产地证明等。《关税法》使得通关的规定和手续变得透明公开,是促进跨境电商贸易发展的主要体现之一。

（二）灵活立法《通关业法》

日本的《通关业法》制定于 1967 年，是导入报关制度后的配套法律，也是日本海关相关法律制度中最重要的法律之一。它的制定是为了解决随着进出口贸易量增多为海关当局带来的物理上不可能承受的巨大工作负担问题。

（三）本国宪法与国际规则间差异的处理方式

根据日本宪法规定，跨境贸易的条约等国际法规范也能成为日本法的立法指导，但条约的效力不得高于日本宪法。这一法理对于日本的海关法令具有重大的影响。这是因为在 1955 年日本加入关贸总协定后，日本的海关法令就随时受到 GATT—WTO 规定的影响。此外，日本将 WCO 体系相关条约纳入日本海关法律体系，并由此制定和修改了大量的海关法令。这种现象在日本和其他国家签订的双边条约中也有所体现，包括经济合作协定、双边自由贸易协定、海关合作与互助协定等。例如，《关于货物凭 ATA 报关单证暂时进口的公务条约》（简称《ATA 条约》）提出，对于一些职业用品、商品样品、摩托车等进口要征收关税的物品，在《ATA 条约》缔约国之间无需海关担保可以免除关税。①

五、跨境电商立法案例介绍

（一）澳大利亚跨境电商立法案例

澳大利亚海关具有独特性，因为澳大利亚是一个岛国，海关是其关键的政府主体。基于日益增长的线上交易，澳大利亚海关一直完善海关通

---

① 冯萌：《中日跨境电商的发展现状及对策研究》，安徽大学硕士学位论文，2019 年提交。

关程序,以满足科技进步的需求。货物,包括跨境电商货物,须通过澳大利亚综合货运系统(ICS)电子报告;低于1 000澳元的货物,须提交自我评估通关(SAC)报关单;货物报告提前获取,以便进行风险评估与任何必要的干预措施布局;通过 X 射线、嗅探犬与痕量技术探测货物情况;低于1 000澳元的货物不需要支付关税。

自我评估通关申报计划是澳大利亚海关进一步完善以促进贸易的重要手段。通过海运或空运,价值低于1 000澳元的进口货物,必须向澳大利亚海关提交自我评估通关(SAC)报关单。虽然目前还没有收集低价值电子商务统计数据的正式机制,但可通过分析自我评估通关申报数据获得低价值进口数量,这样的举措将帮助海关关员管理风险与顾及贸易问题,该计划为电子商务货运提供了通关便利。

(二)德国跨境电商立法案例

以欧盟国家德国为跨境电商的监管案例,具体介绍对邮包、快件进境物品所采取的管理措施。

1. 对于欧盟国家货物进境的管理规定

(1)限制进境物品种类。

他国生产的药品;军民两用产品;历史文物;烟花爆竹(可选择危险物品邮寄方式);武器和弹药。

(2)海关征税标准。

德国海关总署对于欧盟内部邮递包裹并没有特定的处理规定,因此,欧盟内部包裹进入德国境内将被免除进口关税。但在某些特殊情况下,欧盟各国海关将对邮件进行内部控制操作。海关有权力检查邮件是否包含诸如违法的被限制或须被征消费税的物品以及禁止进口的物品。如果邮件采用个人到个人的投递方式,酒精类饮料、咖啡或以咖啡为基础的产品、烟草将被认定为商业行为而不能私人投递。

2. 对于非欧盟国家货物进境的管理规定

(1) 限制进境物品种类。

非欧盟国家生产的药品;烟花爆竹(可选择危险物品邮寄方式);刑具;危害青少年的著作与媒体刊物;毛坯钻石;历史文物。作为个人需求与馈赠礼物的食品类物品原则上可以入境,但具体物品有所限制(例如:蘑菇不超过 2 公斤;鱼子酱禁止入境;具备药物功效的特定营养品禁止入境);假冒与盗版物品;纺织品入境须出具符合欧盟标准的相关证明;不符合欧盟相关安全标准的工业产品;由动植物制成的产品须经海关严格检查后以确定能否入境;武器和弹药。

(2) 海关征税标准。

若属商业行为(例如网购商品):价值在 22 欧元以下的商品,享受免征进口增值税;价值在 22 欧元及以上的商品,将一律征收 19% 的进口增值税。商品价值在 150 欧元以下的,免征关税;价值在 150 欧元以上的商品,按照商品在海关关税目录中的税率征收关税,且关税的税基是商品价值与附加进口增值税的总和,而不仅仅是商品本身价值。若属私人物品:价值在 45 欧元以下的,海关予以免征;物品价值超出 45 欧元但在 700 欧元以下的,如果是来自与欧盟缔结海关优惠协定国家,税率为 15%;关税和进口增值税全包税率为商品价值的 17.5%;某些特定物品(如烟酒类)税率更高。

第三节　我国跨境电商立法现状

一、我国跨境电商立法的历程

我国跨境电商发展迅速,可谓是"后起之秀",尽管同其他发达国家相比起步时间稍晚,然而历经二十多年的发展与壮大,目前已经取得举世瞩目的伟大成就。[1]电子商务在逐渐着改变人们的生活方式的同时,也在法

---

① 白锐:《电子商务法》,清华大学出版社 2013 年版。

律层面上面临着未曾遇到的立法难题:网络交易平台上卖家的合法权益如何得到保障、电子商务交易主体的法律地位如何界定、消费者网购商品产生问题时如何进行维权、消费者的个人隐私与信息如何保护等。这些难题如果无法得到合理有效的解决,必然会阻碍我国电子商务市场的又好又快健康发展。

　　我国跨境电商立法体系的发展主要分为两个阶段:第一阶段是基础理论探索阶段,时间跨度为 13 年,即 2000 年至 2013 年,分散型立法模式为其主要特征;第二阶段是实践起步阶段,自 2013 年起至今,表现为集中型的立法模式。①自 1996 年《电子商务示范法》诞生之日起,各国纷纷开始采取在不同的法律中进行渗透的方式制定电子商务领域立法的子商务法律,以解决现实电商中出现的众多难题。②例如 1999 年颁布并施行的《中华人民共和国合同法》,确认了电商贸易合同形式的合法性;2001 年审议并修正的《中华人民共和国著作权法》,其第十条规定了信息网络传播权也属于著作权的保护范围;我国于 2004 年通过了规范电子商务领域的第一部专门法《中华人民共和国电子签名法》,该法具有里程碑式的意义。同时,国家还修改了《反不正当竞争法》《网络安全法》《消费者权益保护法》《侵权责任法》等法律,逐渐将电商活动的方方面面纳入法律建设体系中进行调整。此外,不得不提的是 2013 年启动草拟直至 2016 年底审议通过的针对电子商务综合性的法律《电子商务法(草案)》,该法案标志着我国电商立法正式进入实践阶段,其内容涵盖电子商务交易主体、跨境电商、监管与法律责任、服务与保障等方面,对电子商务、电子合同、第三方平台电子支付、消费者权益保护、争议解决、快递物流等热点问题均作出了明确规定。

---

① 夏露:《电子商务法规》,清华大学出版社 2011 年版。
② 高富平:《从电子商务法到网络商务法——关于我国电子商务立法定位的思考》,《法学》2014 年第 10 期,第 138—148 页。

近年来,伴随着电子商务中"互联网+"理念的提出,跨境电商成为促进我国对外贸易发展的新引擎,同时有助于扩大我国境外销售渠道,提升我国产品的国际市场竞争力,实现我国跨境电子贸易的升级转型。跨境电商与传统国际贸易存在较大差异,因此传统的电子商务法和国际经济法的相关规定并不能完全适用于跨境电商活动,必须完善现有法律规范对其加以规制,保障跨境电商健康发展。然而需要指出的是,法律法规的落后性已经成为阻碍跨境电商快速发展的重要因素之一。

二、我国跨境电商立法的困境

跨境电商作为新型业态,目前已成为传统外贸的重要补充和未来发展的趋势。而快速发展的跨境电商的参与主体对政府部门的有效监管也提出了新的要求。跨境贸易电商在快速发展的同时,也产生了一些新的问题,焦点问题主要表现在两个方面:一是在出口方面,电商企业通过邮件、快件方式销往国外的出口商品,按照现行海关规定,不能办理结汇手续,也不能享受出口退税的鼓励政策,这在一定程度上影响了跨境电商企业的发展。二是在进口方面,国内居民对国外商品的需求量较大,利用"海淘""海代"等方式进行跨境贸易,目前尚未建立与之合理适用的监管要求、通关模式和税收政策,海关难以实现高效监管。从海关当前的试点进展情况看,传统税款征税方式和监管模式等已不能完全满足跨境贸易电商监管需求。不足之处主要体现在如下方面:

(一)监管对象的重新界定

(1)模糊贸易性和非贸易性的分类规则。我国《海关法》将进出境商品分为物品和货物两类,分别适用不同的税收征管和通关模式,从而构成了《海关法》监管对象的基础框架,其中货物体现着贸易性,而物品则主要以"自用、合理数量为限"为基本原则。在跨境电商试点模式下,商品一般不进入国内流通环节而直接到达消费者手中,交易商品的特点多为个人消费品,也基本符合"自用、合理数量"条件,表面上可被视为物品,但细究其本质,跨境电商其实是隐藏在国际贸易后碎片化的一种替代方式,是一种独特的跨境贸易符合货物的特征。该模式下商品交易是否适用关于货物贸易的多边或双边协定、是否应当纳入国际贸易范畴等问题也引起广泛讨论。

(2)造成监管对象的复杂性和不确定性。在跨境电商模式下,传统的"进口—批发—零售"流通模式将集中压缩在进口环节综合实现,电子商务企业、支付企业、物流企业,甚至中国6.2亿的网民均与跨境买卖行为相关,跨境贸易的交易各方,都可成为海关潜在的监管对象。相应地,海关直面的行政相对人从以往的专门从事于外贸业务的进口商转变成了网购消费者个体,二者在与通关相关的专业能力和政策法律知悉度上存在的很大差异,同时网络自身存在的匿名性、个人消费者对于真实身份和真实地理位置的隐私意识等,导致海关监管面临如何合理界定监管对象,并设定有效的监管方式等通关难题。

(3)形成对交易认定的困难和对部分境外交易的监管盲区。在跨境电商中,商品来源国或国别、网上交易平台、卖方和买方可能分属于不同的国家或地区,再加上当前海关法规要求特殊监管区域的设置及境外电商本地注册或设代表处的做法,将使跨境交易主体进一步多样化、复杂化,引发对跨境电商中哪一种交易可进行跨境交易的识别争议。在进口方面,我国个人消费者通过跨境贸易电子商务中境外电商网站直接采购的方式较为普遍;出口方面,大量从事零售出口的中小微电商企业主要依托境外大型电商交易平台,由于法律、政策、语言、技术等方面的差异,海关等口岸监管部门与境外电商交易平台直接联网对接困难重重。综上所述,受监管地域及监管技术等多方面的影响,海关目前无法有效管理在境外电商网站成交的跨境商品。

（二）执法规则的重新设定

（1）目前物品监管法则不能适应跨境电商的现实需求。目前，对跨境贸易电商交易商品的监管规则主要沿用了《海关法》、"每次限值1 000元人民币"、海关总署2010年第43号公告"个人自用、合理数量"等标准。然而，跨境网购个人物品实际上不同于传统意义上的个人邮递物品属性，人民币1 000元的验放标准并不完全适用于经济生活发展实际。可以预计，随着跨境贸易电子商务的普及，个人消费者通过跨境贸易电子商务方式购买物品再次销售的空间正在逐步缩小，是否还有必要维持原有的数量管控措施值得斟酌和商榷。

（2）目前统计渠道不能精准体现跨境贸易电商的实际交易。海关统计是《海关法》赋予海关监管的四大职能之一。海关总署2014年12号公告明确了新的监管方式"跨境贸易电子商务"，确立其代码为"9610"；2014年57号公告又增加了"保税跨境贸易电子商务"，海关监管方式代码"1210"，由此充分体现了海关总署对跨境贸易电商体量和发展势态的密切关注，需要依据准确的统计数据，加强针对性和科学性研究，客观地提示当前发展特点并预测未来发展规律。但上述代码也仅适用于通过电子商务交易平台实现的交易进出口商品。由于实际中存在大量未通过海关备案平台而进出的商品，上述代码的统计数据的准确性尚不可代表整体价值和样本意义。

（三）监管模式的重新构建

（1）传统监管模式不能适应当前跨境贸易电商的交易特性。与传统的大额贸易相比，跨境电商的主要特点是存在大量从事小额批发或零售，单次商品种类多、金额低、数量少，贸易极度碎片化造成海关审核数量的倍数增长。目前我国海关关于监管设施、人员等资源多参照"事中监管"

的传统货物进出口交易的特性进行配置,货物和报关单据全部涌进海关监管区域。庞大规模的成交量对海关"事中"审核方式的时效、数据通道负荷能力等均造成巨大压力,导致海关监管资源匮乏同监管业务量连年迅猛增长的形势间矛盾凸显。

(2)申报数据标准不统一不利于跨境电商的发展。当前跨境电商当前数据标准不统一的情况具体表现在:其一,业务标准不统一。各试点城市海关采用的监管方式不同,导致申报数据、数据格式、内容等标准均存在差异。其二,技术标准不统一。各地试点信息系统均为独立开发,各地系统采用的数据传输编码、格式、内容等均有较大差别。其三,部门标准不统一。跨境贸易电子商务业务流程较多且涉及多个政府监管部门,各部门又设定了自身相关数据标准,部门间数据交换比对仍存在不兼容现象,进而导致跨境电商参与主体难以适从。

第四节　国内外跨境电商立法借鉴

跨境电商的迅猛发展打破了各国间的贸易壁垒,引领国际贸易走向全球无边界贸易,促使世界经济贸易发生剧烈变革。随着贸易自由化、经济全球化以及区域经济一体化的进一步深入发展,世界各国跨境电商都在蓬勃发展。欧盟、东盟、美国等国家地区跨境电商都积累了一系列成功经验,为我国跨境电商的又好又快发展提供了借鉴经验。

一、国外跨境电商发展的经验借鉴

欧美地区的跨境电商起步较早且发展迅速。凭借完善的法律法规、发达的经济支持、优惠便捷的物流配送等优势,海外跨境电商市场依然发展迅猛。

（一）欧盟跨境电商规则发展的经验借鉴

根据 2017 年欧盟电商协会（ECOMMERCE EUROPE）报告，其电子商务交易额达到 6 020 亿欧元。欧洲 50％以上民众有在线购买国外产品的经历。总体来看，英、法、德三国电子商务发展最为成熟，市场规模占欧盟总量 70％以上；而中东欧国家，如斯洛伐克、罗马尼亚等国电子商务发展潜力巨大、业务增速普遍较快，年增速超过 30％。

1. 完善电商立法

欧盟电子商务的立法主要基于两点：一是规范的交易环境，树立消费者与企业的信心；二是全力构造欧盟单一数字化市场，以避免欧洲市场的内部分裂。欧盟 97/7/EC 号指令是协调各成员国在电子商务活动中，消费者权益保护的法律；欧盟 97/66/EC 号指令（《隐私权指令》）旨在规范电信业务中个人隐私保护和数据处理；欧盟 99/93/EC 号指令则规定承认电子签名的法律效力，进而为网上交易提供了有效保障；欧盟 2000/31/EC 号指令进一步规范了企业之间 B2B 和企业与消费者之间 B2C 的电子商务法律关系，通过逐步构建全面的法律体系，消除欧盟境内跨境电商的阻碍因素，提升电商贸易的法律保障；欧盟 2015/1535/EC 号指令主要是由 98/34/EC 号指令发展而来，要求各成员国必须向欧盟通报涉及“信息社会服务”的技术规范准则，以确保欧盟各国立法的一致性及可实施性，避免干扰和阻碍；2018 年 5 月，欧盟出台的 General Data Protection Regulation（简称 GDPR）是欧盟关于个人数据隐私保护最重要的法律成果。

2. 深化税收改革

2017 年，欧盟公布了针对跨境电商贸易的增值税（value-added seals tax，VAT）规范化的新法案，主要推出了四大举措：一是设定网上服务交易和实物交易的 VAT 缴纳新法规，跨境贸易的卖家只需要按季度统一向欧盟结算 VAT 税一次，缩减了之前需要分别向欧盟内不同的目标市场国缴纳增值税流程,每年可节省约8 000欧元的纳税额。二是简化VAT缴纳流程,对于年跨境贸易额不超过1 000欧元的小企业和初创企业,允许其按季度直接在本国申报缴纳VAT,对年跨境交易额低于10万欧元的中小型企业,可根据其目标用户群体分别进行地区缴纳。三是采用新措施解决跨境贸易VAT的欺诈行为,具体表现为单笔22欧元的跨境贸易免税额度被取消,以整治部分商家为逃避增值税而故意低报商品价值的欺诈行为。四是对纸质书籍、电子书采取统一的VAT征税规则,也就是取消纸质书籍在跨境贸易中的降税甚至免税政策,与电子书采取一致的税收政策。该法案进一步要求所有电商平台都应该给盟区内任何国家的消费者提供相同的商品与服务,促进了欧盟跨境电商市场的整合。

3. 严管支付工具

在跨境电商的实际操作中,电子支付的安全性是开展贸易的重中之重,监管要点则是第三方支付平台。欧盟规定各支付机构必须获得被行业认可后颁发的执照。欧洲中央银行作为监管的主体,监管要点是要求初始不得低于35万欧元且需要持续拥有自有资本金,并规定支付机构在经营过程中如出现沉淀资金则属于负债状态,相关投资活动将因此受到限制,要求支付机构在央行设立账户并留存一定资金,以预防金融风险。

(二)东盟跨境电商发展的经验借鉴

目前东南亚约有3.3亿个互联网用户,互联网用户也在迅速增加。伴随着经贸关系的深入,中国—东盟自贸区于2010年正式成立。中国与东盟间贸易日益自由化,跨境交易总量保持稳定增长,东盟也已成为仅次于美国和欧盟的中国第三大跨境电商出口市场。

1. 个人信息保护法律制度

东南亚国家联盟(ASEAN)是世界上第一个签署跨境电商协议的地区,该协议有三个主要目标,一是创造电子商务应用互信环境,二是促进跨境电商贸易便利化，三是深化东盟各国合作、促进区域经济增长。东盟各国企业间相互访问、传输数据更便捷，此外在线纠纷解决机制能有效保护消费者权益，切实保障交易主体信息安全。

2. 东盟跨境电商基地

东盟建立的电子商务协调委员会，在研究非政府部门角色、确定电子商务的范畴的同时，与国际机构合作，共同推进东盟电商的发展。2015年3月，东盟跨境电商总部基地在南宁正式启动。这一电子商务综合项目，囊括了经贸交流、运营、物流配送、人才培养以及产业园建设等六大核心。东盟总部基地的建立，进一步拓宽了东盟对外经贸的渠道，促进了东盟各国间的交流协作与互惠共赢。

3. 零关税：电子商务＋人民币结算制度

东盟除对中国95％的税目产品实施零关税政策外，还逐渐建立人民币的信用与结算机制。这主要依赖于东盟地区汇率稳定，一些跨境贸易可以直接以人民币进行结算，有效降低了汇率风险，提高了企业的盈利水平。

（三）新加坡对于跨境电商的发展建议

1. 电子商务可以并已被用于支持发展

一方面，电子商务让消费者与企业间的互动变得更加便利。电子商务通过降低经营成本和开拓经营市场范围的方法，为发展中国家的企业，特别是对微型和中小型企业（MSMEs）带来新的机遇。由于电子商务的出现，无论是在媒体和娱乐、航空旅行和旅游业甚至出租车领域，在过去几年中，消费者的经历发生了不少变化。在企业之间，数字接口适应更高效的运作和供应链。生成的数据还可在他们的业务模型中进行优化和创新。所有这些都带来了一批尚未开发的潜力，可促进发展中国家的经济增长和发展。

2. 电子商务是包括发展中国家在内的当今企业发展新形势

企业对消费者的电子商务规模正在迅速扩大,特别是在亚洲、拉丁美洲、非洲和中东地区。例如,在柬埔寨一家在线游戏公司 Sabay.com 推出一种 Sabay Coins(可在网吧购买)作为客户在线购物的方式。在印度尼西亚和越南,Gojek 和 Nhommua.com 等中小企业从一系列服务上独特地利用了道路上摩托车高度流行,从收集在线交易现金到通过移动应用程序提供快递和摩托车的士服务。在非洲,如 JamboPay、Ozimbo、PesaPal、Yo!Payments 以及 Simple Pay,一大批当地运营商已经出现,通过手机为支付提供便利。而拉丁美洲已有了与 MercadoLibre(自由市场)相当的 eBay(易趣)和 Amazon(亚马逊)。Flipkart(弗利普卡特)和 Snapdeal 已经成为印度主要的电子商务平台,而中国的阿里巴巴已经开发了包括在线支付平台支付宝在内的大量支持服务。

3. 电子商务微型企业提供了扩展市场

这使得非传统的主体,如家庭制造商和小型手工艺品供应商,可进入市场并能在全球市场上销售他们的产品。eBay(易趣)企业的一份报告显示,与传统中小企业相比,技术型中小企业有更频繁的贸易活动和更多的总体贸易量。报告还指出,发展中国家的技术型中小企业的表现与发达国家中类似规模的技术型中小企业表现相当。

(四)美国立法经验借鉴

1. 完善的法律法规体系

美国以各州立法为先导,其电子商务法令包括《电子商务安全法》《数字签名法》《电子签名法》《金融机构数字签名法》《互联网保护个人隐私法案》以及《数字签名与电子公证法》等。此外,全球首份官方正式发表的关于电子商务立场的国际法则《全球电子商务纲要》,对未来在互联网上进行商业交易提出五项基本原则:政府不应设置不成熟限制、政府须认清互联网特性、政府只在必要时介入、制定电子商务法令、民间主导发展,考虑到便利全球贸易活动,分别从电子支付、关税税收等多方面提出处理意见。该纲要已成为主导电子商务发展的宪章性文件,在《全球电子商务行动计划》和《关于电子商务的宣言》中被作为制定基础性文件而广泛引用。

2. 健全的税收管理体系

《全球电子商务纲要》对电子商务中的关税税收政策及其安全性、隐私性等提出指导意见,提出凡经由互联网平台进行的无形商品交易,均应免税。通过线上交易的、但须经海陆空运输送达的有形商品,应对比现行规定办理,不应另立条文法规。美国实施网上贸易的免税政策,并积极倡导世界各国对网上的电子贸易实施免税法案,规定"信息不应该被课税"。

3. 完备的信用监管体系

美国根据商品价值,实行等级分类处理的电商监管政策。美国海关注重风险防控机制建立,有效防范知识产权风险,制定知识产权保护监管制度。美国的信用体系建设比较完善,每个公民的信用代码都是唯一的并不可被复制,一旦留下信用污点,将会对日后的各种信用活动等造成恶劣影响而受到全面限制。

二、完善我国跨境电商海关监管的立法建议

(一)我国跨境电商海关监管立法的指导思想

我国当前的一些监管制度和监管手段难以适用于跨境电商的监管模式,因此需要国家监管部门创新监管模式,构建新的监管制度,做到监管于法有据。在"管得住、管得好"的情况下,顺势而为,因势利导。关于跨境贸易电子商务的海关监管立法,可以主要归纳为三条指导思想,即"促

进发展、明确权责、规范秩序"。①

一是营造宽松环境，鼓励跨境电商发展创新。应当为开展跨境电商营造安全、便利、高效的法律政策环境，鼓励电商的主体创新，促进我国跨境电商健康发展。二是要规范进出口秩序，进行合理有效监管。应当遵循互联网和跨境电商发展的客观规律，进行适度合理有效的海关监管，尽可能减少不必要的行政干预。三是要明确权利义务，维护各方权益。要明确电商平台、支付企业、消费者、物流及各方参与者的权利与义务的立法建议，既能保护各方合法权益，有利于跨境电商的开展，又能实现海关严密监管。②

（二）我国跨境电商海关监管立法遵循的基本原则

跨境电商海关监管的立法原则，既要遵循国家关于跨境电商立法的基本原则，又要考虑到我国跨境电商海关监管的实际情况。跨境电商的海关监管法律政策不可能脱离电子商务的市场环境、国际惯例、法律原则和发展阶段。

1. 最小化原则

最小程度原则旨在不浪费现有法律资源的前提下达到法律效力的最大化，从而提高电子商务效能，实现经济实体利润最大化。就中国海关监管而言，重点不是去建立一整套全新的海关跨境电商监管制度，而是要在紧紧围绕方便电子商务交易方式、简化海关监管流程的前提下，对现有的国际国内跨境电商相关法律体系进行"合理转型和优化升级"，规划跨境海关监管立法，将有关知识产权海关保护制度、贸易便利等适用于跨境电商发展的措施的加入监管立法中，实现跨境电商海关制度的构建和提升。

---

① 余波：《中国海关通关管理模式研究》，西南交通大学硕士学位论文，2007 年提交。
② 张建国：《跨境电商与海关管理研究综述及展望》，《海关与经贸研究》2016 年第 1 期，第 34—51 页。

2. 功能等同原则

该原则要求海关在监管、征税、贸易便利和安全等方面的政策应该平等适用于对传统进出口贸易和跨境电商贸易。海关对跨境电商政策不应只局限于互联网电商平台、试点城市以及其他特殊监管区域内的跨境电商，还应关注到如移动终端中完成的服务贸易以及货物贸易等电商交易，并尽快在全国范围内探索高效可行可控的跨境电商通关监管模式。

3. 当事人自治原则

根据该原则，在跨境贸易电子商务政策的制定过程中，首先，海关应该吸收网络自治法、习惯法的规则，尊重网络社会和电子商务的交易习惯。其次，海关应该秉承政府的参与或干预最小化的原则，简化通关流程或者避免征收新的税收和关税。最后，海关应当积极发挥跨境电商主体自治和自律的作用，发挥跨境电商平台和服务企业的作用，探索它们在海关监管、税收、知识产权保护和贸易便利与安全中的职责和义务。

4. 协调性原则

电子商务立法既要与本国现行立法相协调，又要与国际立法相适应，同时还应明确电子商务过程中出现的各方利益关系，尤其是要协调好电商平台与消费者之间的利益平衡。在本国层面，我国海关在国内正在通过跨境电商通关服务平台建设、跨境电商电子口岸的建设探索与国内监管部门和电商企业的合作。但在国际层面，海关与国外海关以及国外电商的合作尝试还较少，有待进一步发展。

（三）对《电子商务法》中跨境电商海关监管的立法建议和理由

1. 明确跨境电商发展的海关监管方向

目前，跨境电商交易主体可能因为品质保障、配送时间、价格、税费要求、贸易管制、售后服务、海关实际监管能力等多方面的差异会选择自认为最优方式进行交易。海关监管目标究竟是从战略上并列建立对跨境电商的监管模式,还是战术上引导"代购"和"海淘"等进入经海关备案的跨境电商的范畴? 就合理性而言,引导交易主体进入经海关备案的跨境电商平台,既能推动交易的正规化,更符合执法需求,又有利于税收利益、维护国家管制政策等。就可行性而言,根据对最具代表性的电商企业阿里巴巴的信息分析,试点开展前,境内消费者主要选择"海外代购商品直邮进境"以及"一般贸易进口"2 种渠道的进口商品。①

2. 依法设定各类参与跨境电商主体的法律责任

参与跨境电商的主体包括电子商务交易平台企业、电子商务企业、物流企业、支付企业、个人消费者(购买人、收件人等)、仓储企业等。在目前试点中,海关对跨境贸易电子商务通关监管主要通过强化参与主体的数据传输责任、事前备案环节,实现海关监管前置。为更好地促进跨境电商健康有序发展,应当从制度层面明确各类参与跨境电商企业的法律责任。加强对跨境电商交易中消费者的权益保护,特别是知识产权保护,通过立法手段强化网络交易平台经营者的管理功能,强化交易平台和跨境电商企业对货物来源渠道的合理审查义务,并要求其保留必要的货物来源授权文书或证明材料,便于海关进行监管。充分发挥自律性行业组织在打击跨境电商领域犯罪的作用,发挥跨境电商行业自律规范的作用,鼓励电子商务行业协会、第三方平台、企业界、评价机构、非营利性组织等建立良好的行业自律体系。

---

① 祝梦瑶:《我国跨境电子商务法律制度的困境及完善》,浙江大学硕士专业学位论文,2017 年提交。

第六章

跨境电商统计制度比较研究

对于跨境电商这种新型业态的贸易统计,目前世界各国都还没有非常成熟的经验与做法,仍在不断摸索、尝试。近几年,中国海关从增设监管代码、改进报关单填报要素、运用统计方法测算等途径对跨境电商统计进行具体实践和探索,效果比较直接、明显。但同时也需要注意到,目前国际上对跨境电商未形成统一认知,并且各国对跨境电商的概念存在分歧,难以形成国际共同规则,这也是国际上迄今为止还没有通行的跨境电商监管和统计规则的主要原因。

第一节　跨境电商统计的国际现状

美国认为跨境电商主要是指"数字贸易"以及跨境数据流动。而包括中国在内的发展中国家重点关注通过电子商务进行的实物贸易,以及相关的税收、支付、物流、贸易便利化和"单一窗口"数字口岸等。据了解,目前只有 WTO、个别区域自贸协定以及多边国际协定中包含跨境电商规则的一些议题和条款。因此,各国所公布的跨境电商数据来源口径存在较大差异。

2019 年 12 月,联合国贸易和发展会议(UNCTAD)根据全球各国 B2C 交易出口额占 GDP 份额大小,汇总了排名前十位的国家,包括加拿大、中国、法国、德国、印度、意大利、日本、韩国、英国和美国(排名不分先后)。UNCTAD 的统计情况表明,通过统计调查方法测算跨境电商业务量已成为世界各国的通行做法。

关于跨境电商统计,除中国外的其他 9 个国家中,日本、法国、德国、英国通过调查在线商家进行估算,韩国根据 GDP 测算,美国根据双边报告数据测算,加拿大、意大利、印度暂未统计。其中,只有 2 个国家提供了官方跨境电商数据。一是日本,但仅限于提供中日、美日跨境电商进出口数据(经济产业省提供)。二是韩国,由国家统计局发布跨境销售和购买的 B2C 交易额。各国对跨境电商的统计经验表明,为实现对跨境电商的有效统计,海关既需要与其他政府部门、电商企业密切合作,又需要充分利用现代统计方法和信息技术。

由于除中国以外的主要国家都是基于对外贸易数据来测算跨境电商的规模,因此测算结果与该国的外贸统计制度紧密相关。

一、国际贸易统计制度概述

由于各国行政管理背景的差异,对外贸易统计中存在着分散统计和集中统计两种不同的统计制度。实行分散统计制度的国家,政府各部门分别负责与其部门职能有关的领域内经济统计资料的收集、整理和分析,并发布统计资料;实行集中统计制度的国家,政府中有专门从事收集、整理和分析社会各领域经济统计资料和发布统计信息的中央统计机关。实行分散统计制度的国家主要有美国、日本等。美国的对外贸易统计由商务部负责,商务部下设普查局对外贸易统计处,具体承担这一工作。其相关资料来自海关。日本也是实行分散统计制度的国家,但它与一般实行分散统计制度的国家相比有其特点。一般实行分散统计制度的国家只是由不同的政府部门承担社会经济不同领域的统计工作,日本不仅如此,而且仅对外贸易统计这一项工作也由多个部门参与,如大藏省及其属下的关税局、通商产业省和日本的中央银行等。实行集中统计制度的国家主要有加拿大、德国等。社会主义国家包括我国,一般都实行集中统计制度。加拿大主要由加拿大国家统计局负责对外贸易统计工作,相关资料出自海关,但水资源、电能和管道运输原油的贸易,则直接由主管部门向统计局报送资料。我国是由各地海关向海关总署报送资料,再由海关总署上报国家统计局。

关于对外贸易统计范围,由于自由区、港、海关仓库和入境加工仓库的存在,进入一国的商品并不一定为该国使用,而离开一国的商品也并不一定由该国制造,这使得各国记录进出口商品的统计范围的含义有所不同,从而形成了两种贸易统计制度:总贸易制和专门贸易制。总贸易制以国家的地理边界为统计边界,进口货物越过国家边界记录为进口,出口货物越出国家边界记录为出口,不管这些货物是否结关、是否完税。

专门贸易制以海关结关作为进出口货物的统计依据,要求办完海关进出口手续,缴清应纳税款后,才可纳入统计口径。在该制度下,进入海关保税仓库或自由区的货物,由于没有结关和完税,不做进口记录;当货物退出保税仓库,向海关结关并进入本国市场时,才记录为进口;对于复运出口的货物,不做任何进出口记录。

美国的进口分别按总贸易和专门贸易(对国内消费)统计;出口按本国商品出口和复出口统计。加拿大采用总贸易制:进口包括进入加拿大国境的一切商品,无论是用于本国消费还是海关仓库储存;出口包括在加拿大栽培、提炼或制造的商品;复出口是指产于外国未在加拿大加工过而又出口的商品;其总出口即本国商品出口与复出口之和。另外,英国、日本也采用总贸易制,所不同的是,英国将复出口单列。采用专门贸易制度的国家主要有:法国、意大利等,但法国对原油产品和天然气贸易实行总贸易制。我国的海关进出口统计也属于专门贸易制,是以海关的结关作为记录货物进出口统计标准的。

二、欧盟贸易统计制度

在欧盟,各国联邦统计局与各州统计局分别隶属于同级政府内政部门的管辖,彼此之间没有领导与被领导的关系,是一种平行的协作关系,统计工作是独立进行的，不受任何机关的干预。整个统计体制虽然是松散型的，但全国统计制度方法是集中统一的。

自1993年以来，欧盟外贸统计分为两种：一是体外统计，由联邦统计局负责，海关只负责审核并提供进出口报关单。二是体内统计，由欧盟统计局对体内各国的外贸统计范围、口径方法、编码等统一规定，并以法律的形式下达，因此是直接汇总各国数字而产生的。

以德国为例，德国的货物贸易统计是联邦集权式的，由联邦统计局直接负责数据采集、处理和公布。德国联邦统计局对外贸易统计部门分3个组，数据采集人员占20%，数据处理人员占60%，数据分析人员占20%。随着计算机的广泛应用，数据处理人员在逐渐减少，数据分析人员在逐步增多。德国联邦统计局的职责是统计所有通过德国的货物贸易，而服务贸易尚无专门的机构负责统计，有关数据主要通过中央银行获得。货物贸易统计制度以联合国制定的有关贸易统计制度为标准，遵循联合国的HS编码体系。同时，作为欧盟成员国，德国也遵循欧盟统一的贸易统计制度，并向欧盟统计局提供数据。德国对外贸易统计数据的收集也分两条途径。一是与非欧盟成员国间的贸易。这部分数据收集工作相对简单，由各进出口企业向海关申报（按照德国现行的统计制度，超过1 600马克的物品需要向海关申报）。规模较大的企业采用电子方式申报，多数中小企业填制海关申报表，报关单一式三联，海关、企业、联邦统计局各持一联。海关在企业申报出口的当天将报关单免费提供给联邦统计局，作为联邦统计局统计进出口贸易的依据。海关只负责对进出口货物的监管，对企业报关数据的准确性不做审核。联邦统计局则要从统计的角度对报关单进行审核，对明显的错误进行修正，以保证统计数据的准确性。二是与欧盟成员国之间的贸易。由于1993年欧盟成员国之间取消关税，德国企业出口到欧盟其他国家的货物不再需要向海关申报，而转为直接报送联邦统计局。德国法律规定，与欧盟成员国之间有贸易行为的企业有义务向联邦统计局提供数据。虽然法律对此有明文规定,但是仍有不少企业不能及时、准确提供数据,对这部分数据的收集主要是先筛选出贸易额较大的企业,督促这些企业按时报送统计报表,对余下的企业则采用抽样调查的方法来估算。

三、美国贸易统计制度

美国的贸易统计工作由普查局统一组织,各地区不负责外贸统计,普查局共设 6 个司:经济司、人口普查司、人口统计司、现场业务司、行政管理司、统计设计方法与标准司。其中,主管经济统计的经济司内设经济研究处、经济普查与调查处、建设统计处、农业处、政府处、工业处、商业处、外贸处、经济规划处和经济统计方法处 10 个部门。美国的贸易统计由普查局集中管理,普查局经济司内设商业处是政府唯一进行商业统计调查的单位。商业处内设 4 个分支机构,分别负责普查项目、批发零售调查、服务及交通业调查、统计方法等工作,但数据处理、出版印刷、咨询服务工作不在商业处。贸易统计的范围包括批发商业、零售商业、服务业、交通运输业。他们采取灵活多样的统计调查方法来收集统计资料,每五年进行一次普查,每年进行一次抽样调查,每月进行问卷调查和抽样调查并发布主要统计数据,为经济决策提供参考。美国外贸统计资料来自各进出口港口,有 200 多个海关将进出口报关单中的一联发送给普查局,由普查局数据处理中心进行加工处理后传输给普查局外贸处。外贸统计内容包括进出口总值、类值、进出口主要国别(地区)、商品数量、金额、运输方式等。外贸统计的数据 80% 从海关的报关单取得,还有 20% 从各大公司取得。目前已有 70 个公司与海关有这项合作,海关与这些公司联网,直接取得数据。为了保证数据的准确,这些公司每月与海关核对一次,经核对要校正的数据大约占 2%—3%。

关于关境统计范围,美国的 50 个州、首都哥伦比亚特区和波多黎各均在统计范围之列,但美属维尔京群岛、中途岛、关岛和美属萨摩亚不包括在内。美本土与上述领地的贸易也不列入美国对外贸易统计。关于货物统计范围,电力、水资源、价值在 250 美元以下的进口邮包以及非商业性出口邮包和价值在 250 美元以下的商业性出口邮包,新旧船只的进口、本国船只卖给外国的鱼类和救捞品、驻外使团和军事设施处理的多余物质不在统计范围之内。美国的出口一般按装运港 NAS 价值即船边交货价值统计,自海关仓库复出口的商品按原进口价值统计;进口按海关价值即海关根据出口国市场价格所估计的价值统计。

在服务贸易方面,根据美国《国际投资和服务贸易调查法》的授权,美国商务部经济分析局(BEA)是美国服务贸易统计的主要机构,也是服务贸易统计数据的发布机构。在服务贸易数据方面,BEA 主要依靠自己的调查和统计,自 1990 年开始,BEA 开始编写美国服务贸易的详细进出口数据,并发布在每年最后一期的《现行企业调查》。数据涵盖两个主要的服务贸易提供方式:一是跨境电商;二是通过当地设立的直接投资企业的销售。除了 BEA 外,美国国际贸易委员会自 1994 年起,每年对美国服务贸易趋势进行综合分析,并以《美国服务贸易最新趋势》年度报告的方式发表。BEA 主要通过调查问卷来搜集美国服务贸易数据,包括跨境贸易和附属机构销售。根据法律,被调查企业必须报告其服务贸易数据。美国服务贸易统计范围涵盖跨境贸易和附属机构销售两种服务贸易方式,跨境贸易是指居住在美国的公司和个人与居住在外国的公司和个人之间的交易;附属机构销售是指附属企业通过直接投资进行的销售。其中,出口是指美国公司的外国附属机构(即美国公司占多数股权的机构)在海外的销售,进口是指外国公司在美国的附属机构(外国公司占多数股权)在美国的销售。近年来,BEA 关于服务贸易的统计方法逐步开始参照国际上有关服务贸易的指导原则和规则,主要是国际货币基金组织的《国际收支手册(第 5 版)》(BMP5,1993 年发布)和欧洲共同体委员会、国际货币基金组织、经济合作与发展组织、联合国、联合国贸易和发展会议及世界贸易组织于 2002 年发布的《国际服务贸易统计手册》(MSITS)。

四、日本贸易统计制度

日本的贸易统计由财政部和海关根据海关法和有关国际公约的规定编制和公布,数据来源于向海关提交的申报单。日本规定统计范围不包括 72 000 日元以下的进口商品和 36 000 日元以下的出口商品,也不包括与美军和联合国的交易。此外,日本也是进口按生产国记录,出口按消费国记录。

在日本,报关单中的商品分类是 9 位数的统计代码。因此,"商品"是指根据这 9 位统计代码分类的商品。9 位统计码由 6 位 HS 码和 3 位国内码组成。6 位数字的海关编码是根据《海关编码公约》(协调商品说明和编码制度国际公约)进行国际协调的,用于进出口。三位数的国内进出口代码并不总是相同的。

五、新加坡贸易统计制度

新加坡贸易工业部负责制定整体贸易政策。新加坡国际企业发展局是隶属于新加坡贸易工业部的法定机构,是新加坡对外贸易主管部门。此外,在贸易政策制定和实施的过程中,还可能涉及财政部(下设海关、税务和金融局)和国家发展部。同时,贸易工业部与商业界保持着许多正式和非正式的联系,目的在于接收有关国内经济政策的影响或出口问题的信息以及政策方面的建议。新加坡国际企业发展局下设贸易促进部,并分设商务合作伙伴策划署和出口促进署,主要职责是宣传新加坡作为国际企业都会的形象以及提升以新加坡为基地公司的出口能力。

新加坡的电子政务建设具有相当高的水平,涉及通关的诸多环节均实现了无纸化、自动化和网络化,为商家节省了宝贵的时间、人力和物力。

贸易网(Trade Net)是世界上第一个建成并使用国际贸易单一窗口的国家,于1989年1月1日投入运行。贸易网在全国范围内实现数据交换,连接海关、税务、农粮局、经济发展局等30多个政府部门,与进出口相关的申报、审核、许可、管制等全部手续均通过贸易网进行。港口网(Port Net)是集合了海事及港务局、船公司及其代理行、货主、物流服务商等信息,融合航运和港口的专业运作经验,利用高效的数据交换和通信技术将航运相关各方连接起来,简化点到点的信息流程。海事网为800多家船公司提供相关海事服务,如处理和传送电子船舶文件,提供燃料采购、船舶追踪等信息。空运社群网是一个空运服务平台,空运货物代理可直接与全球20多家大型航空公司、其他货运代理联系处理相关单证等事宜,并与世界其他同类型系统相连,提供区域和全球空运服务。

关于服务贸易,新加坡从1981年开始以机构统计调查进行服务贸易统计。通过6种调查表格进行数据收集,主要涉及通用产业、制造业/建筑/工程产业、商务产业、财务与保险产业、非居民行业企业的分公司/代理任、运输产业,整个调查涵盖3 800多家企业。

六、中国香港贸易统计制度

中国香港的对外贸易统计是由香港特区政府统计处承担的。每月根据进出口报表(每月有100多万份)并与货物舱单核对后,用计算机处理生成各种分组的进出口贸易统计资料。进出口货物分类采用标准国际贸易分类(SITC)第三版,也可根据用户需要提供按世界海关组织建议的"协调的商品种类和编码体系"(HS)分类的资料。香港的对外贸易统计与内地的海关进出口统计都是按国际标准和国际惯例进行的,在统计原则和统计分类上基本上是一致的。香港特别行政区作为单独的关税地区,与内地的贸易按有关规定视同对外贸易进行管理和运作,因此两地的外贸统计将维持现行作法,并进一步做好衔接工作,以准确地反映两地外贸状况及两地之间的贸易关系。自 2000 年 4 月起,所有进出口货物的报关手续必须以电子方式办理,以缩短贸易统计调查时间和提高填报数据的质量。对于选择不登记为电子联通用户的贸易商,可以使用统计处服务站的电子递交服务系统,把纸介质形式的报关表资料转换成为电子资料联通信息。

第二节　国外跨境电商统计发展趋势

如何对跨境电商进行准确统计,是世界各国面临的一大难题。联合国贸发会(UNCTAD)对此高度关注,为改善跨境电商统计数据的可获得性,该组织于 2016 年发布了《查询跨境电商贸易数据》的技术说明。同年,联合国贸发会(UNCTAD)、万国邮联(UPU)和世贸组织(WTO)发起了"测量跨境电商"的联合倡议,成立了"各国本土跨境电商交易规模测量"工作组。该倡议希望能从贸易方式、电子商务类型、运输方式、企业规模、交易平台类型、商品、付款方式等角度形成全面的数据视图。

工作组指出,参与跨境电商数据统计的主要参与方包括国际组织、政府部门、私营部门三方面。2019 年,工作组发布了全球 B2C 贸易主要经济体的电子商务统计现状。2019 年 12 月,召开了第一次以"各国本土跨境电商交易规模测量"为主题的工作组会议。其研究结果显示,目前的跨境电商统计数据来源主要包括官方发布的数据和非官方数据两类。官方数据来自供给侧的企业调研和需求侧的消费者调研、国际收支统计、海关和邮政运输数据等方面;非官方数据包括跨境电商相关企业发布的数据,如阿里巴巴研究院和其他咨询公司发布的报告等。

由于需求侧的消费者调查数据代表性、准确性和完整性欠佳,跨境电商官方统计主要通过企业调查的方式,调整原有的统计问卷内容,将国内和跨境、B2B 与 B2C 加以区分,以满足跨境电商不同统计口径的需要。

自 2017 年以来,贸发会议、万国邮联、经合组织和世贸组织一直在合作,以期找到更好的统计跨境电商规模的方法。计划通过各国之间的合作,确认跨境电商在国际贸易总额中所占的份额,并努力得到包含性别、偏好、产地、产品类型等各种细分类型的数据,为更加准确地描述国际贸易现状提供可能。然而事实表明,由于跨境电商在各国发展水平参差不齐,且世界各国在跨境电商中所扮演的角色不一样,这项工作进展缓慢。

按照数据来源的不同,可将当前国际上已经提出的跨境电商统计方法分为供给侧方法、需求侧方法和国民账户方法。

一、供给侧方法

从供给侧出发,一国国内跨境电商的供应方指标可以根据企业调查、经济普查和国民账户获得的数据编制。

贸发会议关于电子商务的核心指标仅限于两个基本指标,即企业是否在网上订货或接受订单。贸发会议 2009 年版《信息经济统计数据编制手册》就如何将这些指标纳入企业调查提供了指导,预计即将出版的 2020 年版将有一个关于电子商务计量的扩展部分。2018 年发布的 20 国集团 (G20) 数字经济衡量工具包将电子商务视为"就业与增长"指标的一部分。这些指标着眼于数字技术促进经济增长和创造就业的方式。

在韩国,电子商务数据的收集是由韩国信息和通信技术促进协会 (KAIT) 进行的,涵盖 B2B、B2G 和 B2C 的一系列调查,包括一个专门针对"网上购物中心"的调查,涉及行业类型、价格和销售价值,以及交易类型、支付方式和交付方式,但是不包括国际公司和金融部门。

在巴西,2017 年对企业的信息和通信技术调查包括 3 项关于电子商务的主要内容:一是企业是否通过互联网购买;二是企业是否通过互联网销售;三是企业从事在线销售的障碍。

欧盟委员会(EU)的数字经济和社会指数(DESI)将电子商务指标作为"数字技术整合"的一部分,该指数衡量中小企业在线销售的百分比、电子商务营业额占中小企业总营业额的百分比以及中小企业跨境在线销售的百分比。该项指标的数据源于各国进行的企业调查,最终由欧盟统计局进行汇总。

二、需求侧方法

2018年,国际电信联盟(ITU)开始汇编各国通过家庭调查收集的电子商务需求方面的数据。这些数据主要包括:购买的商品和服务的类型、支付方式、交付方式、在线购物存在的主要障碍。此项调查一个很重要的缺憾是,调查中不含卖方所在地的数据,因为大部分消费者对此并不关心,从而难以准确回答。而且,在针对消费者进行的调查中,具体的消费金额也难以统计。

世界银行的全球Findex数据库是关于成年人(15岁以上)如何储蓄、借款、付款和管理风险的最全面的数据集。它还包含了一个指标,成年人"在过去的一年里使用互联网购买了一些在线商品"。全球Findex数据库的调查每三年进行一次,最新数据为2017年10月发布,这项数据成为很多国家测算跨境电商规模的重要参考。

值得注意的是,一些发展中国家已开始将电子商务问题纳入家庭调查和人口普查。例如在巴西,《2018年家庭信息通信技术调查》有一个关于电子商务的模块,测量20个指标。通过住户调查收集的电子商务数据可以与企业调查的数据相关联,也可以作为决策的补充。他们可以提供有关消费者如何理解电子商务以及B2C体验(如壁垒)的见解,而这些可能无法通过商业调查获得。在巴西,受访者在回答"购买或订购商品或服务"的问题时不包括某些服务(例如,订购出租车或媒体流),因此,针对这些服务专门定义了一个新的指示器,家庭数据也可以提供对C2C电子商务盲点的洞察。

三、国民账户方法

2016 年,经济合作与发展组织(OECD)调查了各国在数字经济方面的国民账户编制做法。国际货币基金组织在 2017 年将调查范围扩大至 11 个非经合组织国家。调查发现,只有三分之一的答复国收集了网购数据,五个国家分别收集了跨境电商交易数据。加纳、印度、牙买加和马来西亚报告说,它们在国民账户汇编中列入了电子商务数据。

例如,美国经济分析局(BEA)在其对数字经济的定义中包括:计算机网络存在和运行所需的数字使能基础设施;使用该系统("电子商务")发生的数字交易;交易对象的具体形式。

然而,目前的 BEA 测算仅包括"主要是数字"的商品和服务,不包括 C2C 电子商务(即共享经济)。虽然在测算跨境电商规模上这一盲点没有明显的解决办法,但卫星账户方法在未来可能会取得一些进展。

除了美国之外,其他一些国家已经开始报告关于电子商务增值的统计数字。例如,墨西哥统计并发布为零售和批发贸易提供电子商务服务的增值数据,所有其他服务行业也会有一个单一的集合。数据显示,在增值方面,墨西哥的电子商务占 GDP 的比重高于 ICT(Information, communications and technology,信息、通信和技术)部门。该国开发了一个包括在线平台的信息和通信技术卫星账户,该账户使该国能够估算电子商务对国内生产总值的贡献、电子商务的增值以及电子商务在工业(信息和通信技术和非信息和通信技术工业)国内生产总值中的份额。墨西哥商务部公布的数据显示,在 2016—2018 年的三年间,电子商务增加值对墨西哥国内生产总值的贡献率由 4.6% 提高到 6.3%。①

————————

① 雨果网:《打卡墨西哥,1.27 亿人口,这个电商市场有多大?》,来源于 https://www.cifnews.com/article/68771,2020 年 6 月 8 日访问。

第三节　我国跨境电商统计制度

一、我国跨境电商统计制度现状

跨境电商是基于网络空间发展起来的一种不同于传统跨境交易的新型贸易业态,是"互联网＋"在外贸领域的具体应用,目前已成为创业创新和外贸转型升级的重要手段,今后将发展为国际贸易的普遍形式。自2010年以来,跨境电商快速发展,成交规模迅速扩大,已成为全球经济增长的突出亮点,成为我国经济发展的强劲动力。党中央、国务院十分重视跨境电商发展,先后分四批在59个条件成熟的城市设立跨境电商综合试验区。然而,我国跨境电商贸易额究竟有多少,一直众说纷纭。由于统计口径、方法的问题,海关、商务和统计部门、商业研究机构这三大主流跨境电商数据统计部门的统计数据差异较大。其中,海关作为最具权威的贸易数据统计和发布部门,因为目前主要统计通过海关跨境电商管理平台的零售进出口总额,其统计、发布的数据也不能全面反映出全国跨境电商总体交易额。

科学合理、全面综合的跨境电商统计数据,是政府部门掌握这种新型贸易业态发展状况、制定服务政策的现实需求。2019年7月3日,李克强总理在国务院第55次常务会议上部署完善跨境电商等新业态促进政策。会议提出支持跨境电商等新业态发展,并明确"完善跨境电商统计体系"要求。2019年11月19日国务院发布的《关于推进贸易高质量发展的指导意见》中,更进一步明确提出"建立全口径海关统计制度"。海关积极响应国务院的要求,在2019年7月上半年贸易发布会上公开表示,海关将完善跨境电商统计体系,做好跨境电商统计数据发布工作。

当前,我国的跨境电商统计口径如图6.1所示,主要包含线上销售的普通货物、在海关跨境电商管理平台申报的货物和C类快件。

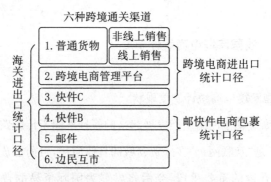

图 6.1　当前跨境电商进出口统计口径示意图

（一）海关行政记录可明确区分的跨境电商货物

按照海关总署 2016 年第 26 号公告的要求，跨境电商零售进出口商品申报前，企业应当通过跨境电商通关服务平台如实向海关传输交易、支付（收款）、物流等电子信息，即"三单"信息，向海关申报跨境电商进出口清单，并完成通关、验放手续。这部分货物目前已明确作为跨境电商货物向海关申报，并且海关也掌握货物订单和支付（收款）信息加以验证，海关能够做到精准统计。海关自 2012 年开展跨境电商试点工作以来，形成了网购保税进口、直购进口、一般出口、特殊区域出口 4 种监管模式，并先后对以上货物设置了专门监管方式代码，具体包括 3 种：9610 跨境贸易电子商务、1210 保税跨境贸易电子商务（适用试点城市）和 1239 保税跨境贸易电子商务 A（适用非试点城市）。目前，海关以上述贸易方式作为狭义的跨境电商统计口径提取数据并进行统计分析。

因此，现行跨境电商海关统计是提取网购保税进口、直购进口、一般出口、特殊区域出口四种监管模式的跨境电商数据，即通过海关跨境电商管理平台的进出口零售总额，这部分总额偏小，属于通常认为的狭义跨境电商范畴，专指 To C 部分。由于部分 B2C、C2C 是通过快件、邮包的物流方式送达，所以这部分跨境电商零售额未明确计入海关的跨境电商统计。

（二）已纳入整体贸易统计但尚未单列的跨境电商货物

以普通货物或者快件货物形式进出口的跨境电商货物，目前已纳入整体贸易统计但尚未单列统计。这部分跨境电商货物大多采用一般贸易、市场采购、货样广告品等贸易方式。以普通货物形式进出口的跨境电商货物，通过海关H2010通关系统进行申报和验放，已经纳入贸易统计。以快件形式进出口的跨境电商货物，通过海关快件管理系统进行申报和验放，并作为C类低值快件货物纳入贸易统计。以上货物虽然已经纳入贸易统计中，但尚未有明确的方法将属于跨境电商的数据分辨出来。

尤其值得注意的是，B2B在跨境电商业务中所占比重很大，至少超过一半，这些跨境电商B2B通过一般贸易方式进出口。由于在一般贸易报关单中没有对跨境电商B2B的特别标识，因此海关统计的一般贸易进出口额涵盖了B2B部分，从现有海关统计数据中很难直接提取。经过调研了解到，海关已采取通过对境内跨境电商平台开展问卷调查和访谈的方式、对境外跨境电商平台测算GMV（平台总成交额）和中国商品占比的方式，测算出B2B数据。

（三）尚未纳入贸易统计的跨境电商货物

尚未纳入贸易统计的跨境电商货物主要涉及以进出口邮递物品（以下简称邮包）和B类快件个人物品形式进出口的货物。对于邮递物品，海关按照进出口邮递物品管理规定进行监管和验放。由于目前各海关对进出口邮递物品监管的手段和辅助工具差异较大，而且与邮政企业的数据没有完全对接，致使这部分数据不能完整获取。此外，由于政策性差异，有的跨境电商货物是以B类快件个人物品的形式向海关申报进出口，也未纳入统计。

针对这部分货物，海关部门正在尝试通过行政记录结合统计调查的方法对快件中跨境电商数据进行拆分,通过联合商务部、邮政总局对全国6个城市的邮包抽样调查来分离其中的跨境电商数据,从而获得未计入跨境电商海关管理平台的 B2C、C2C 数据,以此实现对跨境电商的全口径统计。

综上所述,如何从一般贸易中分离出跨境电商 B2B,如何对邮快件中的跨境电商业务进行测算,如何实现快速有效辨识及合理统计,是当前我国海关面临的主要挑战。

二、我国跨境电商统计制度存在的不足

(一)跨境电商的定义边界不统一

目前,我国关于跨境电商尚无全面、统一的定义。我国最新出台的《电子商务法》主要从国家政策、监管部门、参与主体以及国际规则等方面作了描述性阐述。从海关层面来说,2018 年 WCO 发布的《世界海关组织跨境电商标准框架》描述了跨境电商的特征,该标准主要适用于 B2C 和 C2C 交易,同时鼓励各成员把该框架的原则和标准应用于 B2B 交易。由于跨境电商是一种迅速发展的新生贸易业态,目前世界各国海关都面临着统计的难题,如何从海关监管的视角进行界定,明确统计范围是现阶段面临的一大问题。

我国在跨境电商领域还没有专门的法律法规,有关跨境电商的法律定义等法律原则性问题尚未明确,海关内部上位法不足,操作层面也缺乏明确的规程和操作指引。同时,国际上将"申报"和"汇总统计"绑定在了一起,海关总署 2018 年第 194 号公告修改这一表述后,由于涉及与外部门数据交换等因素,目前系统层面尚未调整。此外,B2B 和 B2C 关于主体的定义也不清晰,从普通货物、邮件、快件渠道尤其是普通货物进出口的跨境电商货物,难以区分是 B2B 还是 B2C。缺乏法律层面上统一的定义,

造成电子商务业界、经贸管理部门对跨境电商的定义的理解存在较大差异,反映出来的就是各管理部门、业界、研究机构等之间的统计数据出现差异较大,甚至相互矛盾等情况,不利于国家决策和管理,也不利于做到统计数据的国际可比。

（二）跨境电商统计调查测算方法不完善

跨境电商统计测算方法主要是以统计调查为基础,收集各类数据来测算我国跨境电商整体规模,但在数据收集过程中,存在以下难点:

一是电商平台企业更新换代快、规模变化迅速,对统计方法的稳定性形成挑战。自2017年起,海关总署统计司面向境内主要跨境电商平台企业(上年度跨境电商零售已执行交易额超过1亿元)发放调查问卷,并多次走访企业座谈。与传统的进出口企业相比,除少数大平台外,跨境电商平台的生命周期较短,调查对象稳定性差。

二是跨境电商业务模式变化迅速,企业经营模式往往尚未细分和稳定。越来越多的平台从自营转为自营与第三方平台混合经营,也有些平台跨境电商业务和境内电商业务兼营,较多企业没有专门跨境电商的业务主管部门或是多种业务存在交叉,填报调查问卷时,部分概念模糊或是数据统计手段欠缺,如部分平台往往综合考虑网购保税的政策优惠、普货清关、退运的便利性以及邮包快件的灵活性,选择不同的进出口渠道,有些从境内其他企业采购进口货物网上销售,业界普遍将在境内生产的境外品牌货物(例如象印产品)也作为进口货物销售,数据上无法区分,调查问卷数据质量也无法保证。

三是跨境电商平台的收入模式、商品来源等受到贸易环境、企业经营方向调整等多种因素的影响,可能会有较大的变化,部分访谈和调研结果时效性不足,影响测算质量。如美国退出万国邮联、加征关税等情况,在一定程度上都会影响中国产品在跨境电商领域的竞争力,或许也将影响中国商品在各大境外平台的销售份额。

四是跨境电商的地域边界性不强,全口径测算主要是以测算整体规模为主,在结构化分析上存在欠缺。由于采取以调查问卷为主的方式收集数据,数据的颗粒度细化程度不高,特别是商品品类和境内收发货地的数据无法与海关传统统计的结果相比。

(三)部分邮件、快件形式的跨境电商邮件快件未纳入统计

部分邮件、快件形式的跨境电商邮件未纳入统计,主要由以下三个方面的原因构成:

1. 以海关行政记录采集的邮件数据仍有缺失

目前,各地海关采集的国际邮件电子数据完整度不均衡,影响了海关获得邮件数据的准确性和完整性。

(1)2018年,海关总署发布第164号公告要求全国海关推广使用进出境邮递物品信息化管理系统,该系统解决了长期以来邮递物品纸质化申报带来的统计困难,但目前推广应用的范围尚未覆盖到全国海关,仍有部分海关仅通过纸质化单证开展海关监管,海关系统中未记录低颗粒度的进出境邮件结构化数据。

(2)1984年海关总署发布的《中华人民共和国海关对进出口邮递物品监管办法》已废止,而新的邮递物品监管办法仍未出台。现行的海关公告仅对征税原则作出规定,未提及收寄件人应履行向海关如实申报邮件的义务,使海关统计缺乏准确的数据来源。

(3)《万国邮政公约》规定任何邮件在未投递给收件人之前归寄件人所有,境外寄件人无需直接向中国海关申报邮件具体信息,因此海关对邮件进行监管的基础为邮局向海关提供的邮件数据。而部分小语种国家在进境邮件面单上,通常使用其本国语言书写邮件信息,邮局人员需翻译后录入系统,翻译内容的准确性仍有待提高。

2. 海关邮件、快件管理系统中无法准确区分普通货物和跨境电商货物

除企业主动向海关申报跨境电商货物并通过申报清单录入进出口统一版系统的统计数据外,邮、快件管理系统均未设置跨境电商与普通货物的区分标识。其中,邮递物品管理系统中的信息主要由邮局工作人员根据邮递物品面单信息录入系统,如果寄件人未主动申报,就无法判断商品是否属于跨境电商货物;快件管理系统中,判断是否属于跨境电商货物很大程度上依赖于申报人或申报企业自身意愿,从政策成本、税负成本、人工成本等多方面评估以跨境电商货物或是普通货物申报的成本差异。如果选择以跨境电商货物申报,则需要填制申报清单,并在进出口统一版系统中完成通关手续。

3. 对邮件、快件货物信息申报真实性存疑影响统计准确性

(1)邮递物品价格申报的真实性存疑。海关估定寄递物品的完税价格主要采用《中华人民共和国进境物品完税价格表》。商品价格单一固定,难以区分奢侈品与普通商品的价格差别,对罕见商品的审价体系尚不完善。

(2)邮件、快件商品品名信息申报的准确性存疑。海关对进出口邮件、快件监管重点存在差异:进口渠道通常偏重税收征管;出口渠道通常偏重知识产权保护、禁限类物品等。不同的监管要求导致对进出境寄递物品面单错误信息的纠正力度不同,影响申报数据质量。

(四)未全面实现跨境电商出口清单直统

跨境电商零售商品出口时,有两种方式办理报关手续。一是跨境电商综合试验区内符合条件的跨境电商务零售商品出口,可采取"清单核放、汇总统计"的方式。二是其他跨境电商零售商品出口,采取"清单核放、汇总申报"的方式。

1. 跨境电商综合试验区"清单核放、汇总统计"模式的不足

系统自动归并其出口清单数据,商品编码按照"98040000"简化统计,干扰了统计的商品结构分析,同时导致以 10 位数商品编码为基础的海关监管风险。

2. 其他跨境电商零售商品出口"清单核放、汇总申报"模式的不足

(1) 企业汇总工作量大导致部分关区跨境直购(9610)出口统计数据不及时、不完整。据黄埔关区代理跨境电商的报关企业反映:一个月出口清单上百万份,商品几千种,平均汇总一份报关单,需要 40 分钟到 1 个小时,最多甚至达到 2—3 个小时,汇总过程经常数据丢失,耗费人力巨大。为此,有些企业放弃汇总或者只汇总一部分清单。广州海关 2018 年出口清单 1.5 亿份,有 20 亿元没有汇总;黄埔海关 2018 年出口清单 3 亿份,有 6 000 万份清单 110 亿元没有汇总。

(2) 行政记录中申报品名和 HS 注释品名存在差异。即使汇总成功的报关单,目前跨境电商出口清单在每月 15 日之前由企业自主汇总,汇总方式是按企业申报品名归类;每月 15 日以后是强制汇总,汇总方式是按税则归类及注释品名进行汇总。由此导致注释品名和企业申报品名可能存在差异。

第四节　完善我国跨境电商统计制度的建议

一、完善跨境电商统计制度的核心原则

要完善跨境电商统计制度,做到"应统尽统",核心要点在于紧紧围绕"跨境"(海关监管)、"电子商务"(有电子交易数据)、"To C"(到终端用户,含 B2C 和 C2C)这三个关键识别要素。

对于跨境电商统计目前存在的"漏统"(已纳入海关统计,但并未列为跨境电商)问题,应立足海关职能,充分利用海关在邮件、快件、一般货物

贸易等进出境物流监管上的便利,综合使用规范申报和跨境电商品台调查的手段。主要包含以下三个方面:

首先,针对当前邮件渠道中包含的跨境电商,要推动邮件回归非商业属性,不在国际邮政中统计跨境电商。

第二,针对快件渠道中包含的跨境电商,要规范快件中跨境电商申报要求,实现快件跨境电商应统尽统。

第三,针对一般贸易中的跨境电商,要增加一般贸易申报中跨境电商申报项,实现跨境电商业态的全面统计。

针对我国当前的贸易形势和海关监管特点,在规范跨境电商的申报上要体现"进出有别、严进宽出"的申报要求。即对于跨境电商出口商,要强化企业申报主体责任,弱化"三单申报"在跨境电商申报的强制性要求,以自愿诚信申报为主;而对于跨境电商进口商,保留进境跨境电商"三单"在验证比对,作为关税减免、监管便利的重要依据。

实现对跨境电商的全识别全统计,为国家、地方出台促进跨境电商政策提供数据依据,并评估政策实施的针对性、有效性。发挥跨境电商在推动贸易与产业融合、促进贸易自由化便利化方面的重要作用。做大做强我国外贸,提升我国制造生产优势,巩固全产业链地位,推动我国产业进一步向中高端发展。优化监管政策,提升海关对外向型制造业的服务能力。做深做细跨境电商贸易分析,进一步树立海关统计权威。

二、完善相关法律法规

2019 年 1 月 1 日起施行的《电子商务法》规定,电子商务是指通过互联网等信息网络销售商品或者提供服务的经营活动。该法的立法目的是为规范参与电子商务各方主体的权利义务提供依据,以保障相应主体的合法权益和规范电子商务行为。这一原则性定义,为各政府部门对电子商务进行监管的职责和权限留下界定空间。

《世界海关组织跨境电商标准框架》对跨境电商特征予以概括,提供的标准是:(1)在线下单、在线销售、在线沟通以及,网上支付(如果可行),即应用IT技术和互联网实现沟通和发起交易。(2)跨境交易和交付。(3)有实际物品且被交付(商业目的或非商业目的均可),该标准主要适用于B2C和C2C交易,并鼓励应用于B2B交易。

根据以上两个上位法,明确我国海关监督、统计的跨境电商活动必须满足两点:一是海关监管的跨境电商活动;二是海关监督实货跨境流动,既包括B2C、C2C,也包括B2B。

在法律上应关注的问题是:(1)跨境电商虽然参与主体众多,但海关并没有界定直接管理相对人的法律依据,相应的义务主体也难以确定;(2)当前海关数据核查手段有限,海关数据核查以企业确认为主,但企业对数据核查配合度不高以及企业回复的随意性都会影响数据有效性。如果统计核查不涉及补税处罚,对企业后续制约方式非常少。

三、完善海关监管措施

(一)加强国际邮包监管

以万国邮联为代表的国际邮政联盟与一些国际商业快递不同,大量依靠政府补贴、费率照顾发展中国家是其资金运作的两个显著特征。大量跨境电商货品以国际邮包方式流转占用了本应用于更基础邮政服务项目的资金,美国要求退出联盟的一个理由就是美国大量财政补贴被中国侵占。2019年9月25日,经过各方妥协,美国继续留在万国联盟,条件是邮件终端费用按当前计费方式加快费率上涨,并从2021年起逐步允许各成员自设费率。可以预见的是,如果我国跨境电商货物继续大量挤占国际邮件通道(从观察宁波国际邮件交换业务估计,国际邮件中属于跨境电商业务大概在九成以上),美国可能会对来自中国的邮包单独设置费率,并最终影响非商业邮包的资费上涨,使万国邮联沦为普通商业快递渠道。

建议明确邮包监管政策,将商业用途的跨境电商包裹从邮政转到商业快递渠道,使商业的回归商业,推动国际邮政渠道更多提供基础类的邮政保障项目,为更多人群提供普惠服务。

（二）规范商业快递企业数据申报

加强对商业快递企业的管理,明确将商业快递公司作为如实申报的责任主体,推动快递公司运用经济手段引导快件实际申报人准确填写申报信息。明确"物品"与"货物"的区分方式。对快件中的C类快件,明确将货物品名、商品价格、是否跨境电商作为必须项申报。取消简化归类至"9804000000",恢复10位商品编码申报。加强对快件申报内容合规性审查,从源头上解决申报信息不实等情况。监管过程中对未按要求规范申报和未主动申报跨境电商货物的,作为快递公司责任记录考核,并与其他监管政策统筹运用。

（三）规范跨境电商企业数据申报

在激励方面,一是出台措施鼓励境内寄收件人通过"互联网＋"的方式,主动规范申报快递物品,使海关能够及时获得第一手信息数据。二是进一步调整跨境电商货物税税率,拉近行邮税与跨境电商货物综合税率间的税差,减弱因"税往低处流"将跨境电商货物申报为个人物品的影响。三是提升跨境电商出口货物退税便利化程度,推进与税务部门联网开展以申报清单为退税依据的简化退税工作进程。

在监管方面,一是明确区分普通物品和跨境电商货物,结合实际操作中新兴跨境交易95％以上为网购、海淘的日用消费品的特点,清晰列明"物品"与"货物"的区分方式,实现跨境电商货物的准确申报。二是建立快件风险防控机制,对未按要求规范申报的企业和未主动申报跨境电货物的"B2C"个人物品提出"事前、事中、事后"三级监管手段,提升数据质量。

不再使用海关跨境电商出口统一版系统,在出口申报单增加是否跨境电商申报项,将一般贸易中符合跨境电商的业态要求(两个B实际上为分别在两个国家注册运行的同一市场主体)的贸易信息区别开来。将是否跨境电商货物作为企业申报海关的法定申报项,纳入企业诚信考核的内容项,解决出口海外仓货物退货享受税收优惠的认定问题。在具体执行过程中,立足于企业自愿诚信申报,对出境一般贸易申报跨境电商的不强制要求"三单"数据。推动地方政府出台跨境电商鼓励政策,扶持跨境电商业态的发展,增强企业跨境电商申报的主动性。进境跨境电商使用海关跨境电商进口统一版系统,申报、统计按现有模式开展。

(四)完善跨境电商统计调查制度

采取统计调查方法测量跨境电商进出口总额已成为国际范围内官方通用的做法。由于跨境电商活动的参与方多,时间、空间分布分散,对跨境电商进行统计调查必须加强与国际组织、其他政府部门(商务、税务、邮政、外汇管理)、电商平台、物流企业、支付中介的合作,以保证数据的及时和完整。

跨境电商海关全口径统计是一个系统工程,涉及面广、影响范围大,建议审慎而行,充分运用先进统计方法和信息技术,在充分调查研究的基础上分阶段分步骤稳步推进,以科学严谨的态度对待统计工作,为国家和地方出台跨境电商政策提供数据依据,并继续主动承担大国责任,为世界海关输出更多跨境电商监管和统计经验。具体有以下几个方面:

一是加强各方合作,保证数据的及时性和完整性。建立跨境电商重点监测企业库,努力与调查对象保持长期合作关系,确保数据报送的及时性、完整性。加强与地方协会组织的联系沟通,及时掌握市场的变动情况,动态调整企业库。

二是提高信息化水平,提高数据的真实性和准确性。尽快推进海关专项统计调查调研系统建设,提升企业申报数据和后期统计数据编制的便利化程度。提升海关数据的挖掘能力,印证和分析调查数据的准确性和真实性。

三是扩大调查对象覆盖面,丰富数据采集内容。从调查对象类型和规模起点两个方面扩大调查对象的覆盖面;丰富数据采集内容,将数据维度细化到主要国别、商品类别、国内地区、电商平台类型、商业模式等内容;提升统计调查频度,将目前统计调查频度从年报逐步提高到季报。

四是加强部门协调配合,构建跨境电商协同管理体系。加强与商务、税务、邮政、外汇管理等部门的协调配合,建立跨境电商协同管理体系,密切跟踪全球跨境电商与网络空间治理最新发展趋势,共同研究建立健全跨境电商市场治理体系,促进跨境电商企业规范发展。

(五)定期开展跨境电商境外统计调查

对境内外电商平台开展定期调查。了解境内电商平台跨境业务的规模、主要商品类别、贸易国别、电商卖家的相关信息。收集境外亚马逊、eBay 等规模较大平台财报等数据。评估跨境电商海关数据的准确性,完善调整海关跨境电商申报、统计具体要求。确定跨境电商重点监测企业,动态调整、定期跟踪,了解掌握企业经营情况和跨境电商业态发展动向。结合具体企业案例,深入分析跨境电商发展过程新情况新问题,为促进跨境电商及其他外贸提供意见与建议。

四、改进跨境电商统计调查技术

(一)利用跨国公司财务报表进行测算

当前,境外主流电商平台有亚马逊、eBay、速卖通、沃尔玛、乐天、Wish

Express、Shopee、Lazada、Leboncoin、Otto 等,每家电商平台都有自己独特的业务范围、收入来源和财报构成。通过这些电商平台的公开信息来测算我国跨境电商 B2B 出口额,主要分为以下两大步骤:

1. 测算境外电商平台 GMV(平台总成交额)

有些电商平台的财报会直接公布 GMV,如 2019 年第三季度美国电商平台 eBay 的 GMV 为 217.0 亿美元,东南亚主流电商平台 Shopee 的同期 GMV 为 46.0 亿美元。

有些电商平台并不公布 GMV,如全球最大的电商平台亚马逊,这就需要我们从财报中公布的其他信息进行推算。根据亚马逊 2019 年第三季度财报,该平台在报告期内实现第三方销售服务收入 132.1 亿美元,这是亚马逊为广大第三方卖家提供平台销售服务所收取的佣金(按成交额比例收取,佣金率按商品类别从 6% 到 20% 不等,平均为 15%),据此可以推算出第三方卖家在亚马逊平台的销售额为 880.7 亿美元,再加上亚马逊实现自营商品销售收入 350.4 亿美元,可测算出同期亚马逊平台商品总成交额为 1 231.1 亿美元。

2. 测算中国商品所占销售比例

境外电商平台的商品基本都按三级目录进行归类,第一级为商品大类,第二级为商品子类,第三级目录展示商品类型。当消费者点击进入第三级目录,页面就会显示同类型产地各异、价格各异、销量各异的商品。通常而言,电商平台商品销售具有显著的"头部效应",即在同一类型的商品中,销量排名前几位的商品会占据该类型商品销售额的绝大部分,我们可用热度最高的几款商品作为此类商品的原产地调查范围,如在亚马逊网站抽样调查尿不湿这类商品,我们只统计贴有"Best Seller"标签的几款,通过搜索这几款尿不湿的商品、品牌、说明等信息,可以确定其原产地是否为中国。

由于平台一般不会在商品信息展示页面显示其销量,基于假设消费者对不同商品的反馈参与率是相同的这一假设,我们可以用过去一段时期内消费者的评论数量来代替该款产品销量,再乘以价格,即可得到过去一段时期该款尿不湿的销售额。

按以上方法,我们可以确定被选为样本的每一类每一款商品的原产地和销售额。依此类推,对全平台所有三级目录热销商品进行加总以后,即可测算出过去一段时期内中国商品占平台成交额的比例。

通过测算电商平台销售额和中国商品的占比,可以得到一段时期内中国商品在该平台的销售额,对全球主流电商平台进行汇总,再经过税费、运费调整,即可得到相应时期内中国商品 B2B 出口额。

(二)进行分层抽样和数据挖掘

国际邮包中商用、非商用包裹混存。我国大量跨境电商货物是通过国际邮件渠道传递的,约 90%,商用比例非常大。

从海关监管视角来看,邮包分两层申报,第一层是邮政公司根据寄件人填写的内容给海关传输数据,无独立报关单;第二层是海关查验发现问题,要求收件人来申报,此时会形成报关单(第二层仅存在于进口的很小一部分邮件)。海关很难从中分辨出跨境电商物品,而且因为不直接监管邮包收发件人,也很难对其进行义务约束,难以直接获得邮包中跨境电商情况。

根据中国邮政总局的统计,中国出境邮快件超过 1 亿件,主要涉及国际 EMS、国际包裹、E 邮宝以及国际小包四类。从这些海量包裹中统计跨境电商包裹的占比,主要需要借助统计调查抽样的方式。但是根据抽样统计的理论,如果要保证据估计准确达到 90% 以上的客观需求,要至少抽取总样本的 6.7%。这个抽样比例虽然可以保证抽样的准确率,但是在实际中缺少可操作性,因此建议通过分层抽样方式进行调查。

(1)统计各城市出境包裹总量,根据包裹总量数与跨境电商管理平台贸易统计数据,对城市进行分类,可主要分成三大类城市,一类是包裹量大同时跨境电商业务量大的城市,二类是跨境电商业务量小包裹量比较多的城市,三类是其他不归属在一类与二类的城市。

（2）根据城市分类,在每类城市中抽取3到5个代表城市进行抽样调查。每个城市的邮快件抽样也要按照分层抽样,抽样个数要和城市邮快件占比一致。对这些抽出邮包样本进行实地问卷调查,确定是否为跨境电商中的B2C或C2C部分。

（3）依据抽样调查的结果,对其中涉及跨境电商邮包的部分进行综合分析。关注这些邮包信息的相关性,找出高频次的相同信息,比如邮寄地址等,由此产生强关联规则,然后运用数据挖掘方法建立识别机制,实现对跨境电商邮包的自动筛选。

这种通过统计调查和数据挖掘方法统计对数据相对稳定,两种方法的校对结合,可减少统计误差,并可避免重复抽样。

（三）利用人工智能技术识别报关单

以出口报关单为例,通过将报关单中数值型指标构建机器学习模型,运用类别型指标改进模型的方式,对报关单进行大规模的自动识别,从中判断出口B2B贸易额。其主要可分为以下三个步骤:

1. 指标选取

标准的出口报关单记录了49项条目信息,可初步分成数值型指标、类别型指标、系统生成指标三类,具体如表6.1所示。

其中,9项数值型指标用来构建模型、28项类别型指标用来改进模型,12项系统生成指标暂不需考虑。

2. 利用数值型指标构建机器学习模型

随机选取若干数量的出口报关单（如10 000份）作为样本数据集,通过人工调查的方式,标识出这10 000份报关单是否为B2B出口,并作为因变量（包含"是"和"否"）,录入这10 000份报关单的9项数值型指标作

表 6.1 报关单所含指标归类表

指标类型	数量(项)	指标名称
数值型指标	9	件数、毛重、净重、运费、保费、杂费、数量及单位、总价、单价
类别型指标	28	境内发货人、出境关别、境外收货人、运输方式、货物存放地点、生产销售单位、监管方式、征免性质、起运港、贸易国、运抵国、指运港、离境口岸、包装种类、成交方式、项号、商品编号、商品名称及规格型号、币值、原产国(地区)、最终目的国(地区)、境内货源地、征免、特殊关系确认、价格影响确认、支付特许权使用费确认、自报自缴、申报单位
系统生成指标	12	预录入编号、海关编号、出口日期、申报日期、备案号、运输工具名称及航次号、提运单号、许可证号、合同协议号、随附单证及编号、标记唛码及备注、海关批注及签章

为自变量。

利用上述 10 个变量构建机器学习模型,常见的及其学习模型有朴素贝叶斯模型、支持向量机模型、K 近邻模型、决策树模型等,从里面选取一个效果最好的模型。

3. 利用类别型指标改进模型

类别型指标包含了许多重要信息,如商品编号、境内发货人、境外收货人、贸易国等,对报关单的准确识别有重要作用。但这些指标无法直接被纳入模型,需要根据经验进行赋值。

尝试将不同的类别型指标以不同的赋值方式纳入模型,并利用样本数据集进行效果测试,逐渐提升模型的可靠性。样本数据集越大,模型越可靠,识别准确率越高。识别准确率提升到可接受水平之后,即可用来对报关单进行大规模的人工智能识别。

利用人工智能技术对报关单进行自动识别,具有速度快、准确率高的优点,尤其是不增加外贸企业和海关一线监管人员的额外负担,业务现场完全无感。但是建立并完善一套人工智能系统,需要一定的前期投入和开发周期。

第七章

跨境电商政府扶持国际比较研究

跨境电商是我国重点发展的朝阳产业。我国跨境电商增长迅速,在满足人民日益增长的美好生活需要、促进对外贸易转型升级、提高我国对外开放水平、创造新的经济增长点和就业机会等方面发挥了重要作用。为了促进跨境电商的发展,我国政府给予了补贴、信贷、税收优惠、人力资源等方面的扶持政策。通过对国外跨境电商的扶持政策进行分析,发现国外更多的是从法律和制度层面为跨境电商产业创造积极的营商环境从而降低交易成本、提高跨境电商企业利润,这些为我国跨境电商的政府扶持提供了改革的思路。

第一节　跨境电商政府扶持的理论基础

一、经济外部性理论

外部性理论是市场失灵的重要表现,经济学认为,生产或消费的过程中,还有可能对"外部"产生成本或收益。对"外部"产生收益,就是正外部性,而对"外部"产生成本,就是负外部性。以生产的正外部性为例,蜂农养蜜蜂,不仅自己能够收获蜂蜜取得收益,蜜蜂采蜜还能够促进农作物增产,给农作物的所有者带来收益,这就是外部收益。外部性的分类、举例与矫正具体见表7.1。正外部性往往通过补贴的方式来矫正,而负外部性则通过税收的方式来补贴。

跨境电商的发展,不仅满足了人民群众的消费需求,而且还带动了就业,促进贸易转型升级,同时还提高了中国企业的竞争力和品牌效应。

表 7.1　外部性的分类、举例与矫正

	生　产	消　费	矫正方式
正外部性	生产的正外部性养蜂	消费的正外部性教育	庇古补贴
负外部性	生产的负外部性污染性企业	消费的负外部性吸烟	庇古税

因此,跨境电商给"外部"带来了极强的收益,属于生产的正外部性。而矫正生产正外部性的有效方式就是补贴,这样才能使得跨境电商的规模达到最优。

此外,补贴的方式不仅包括直接补贴也包括各类税收优惠。税收优惠从本质上看,可以认为是先征税后通过补贴的方式返还(税式支出)。因此,税收优惠也可以认为是一种补贴。

二、产业保护理论

产业保护理论认为,当一个产业属于尚未成熟的新兴产业、具有较大的产业关联度、现阶段缺乏推动发展的资金实力时,则需要对该产业采取适当的保护政策,提高竞争力。

我国跨境电商虽然取得了一定的成就,但仍然属于尚未成熟的新兴产业。实际上绝大部分跨境电商企业都仍处于发展初期,多数跨境电商企业亏损严重。而跨境电商的产业关联度又很强,涉及物流企业、运输企业、支付企业、互联网企业、制造业等。因此,跨境电商满足产业保护的原则,应该予以扶持。

第二节　我国跨境电商产业发展的扶持政策

跨境电商为中国外贸转型提供了新的动力。近年来,我国从中央到地方,不断出台一系列相关政策助力跨境电商发展。本节试从制度政策、税收政策、财政补贴政策、货币政策以及人力资源政策这五个方面对国家及地方性有关文件加以归纳总结。

一、制度政策

自 2013 年起,为扶持跨境电商发展,国务院与中央各有关部委接连出台了一系列相关文件,涵盖了跨境电商体系建设的方方面面。

2013 年 7 月,国务院办公厅发布了《关于促进进出口稳增长、调结构的若干意见》,其中第八条指出,完善多种贸易方式,积极研究以跨境电商方式出口货物(B2C/B2B 等方式)所遇到的海关监管、退税、检验、外汇收支、统计等问题,完善相关政策,抓紧在有条件的地方先行试点,推动跨境电商的发展。

2013 年 8 月,国务院办公厅转发了《商务部等部门关于实施支持跨境电商零售出口有关政策意见》,其中包括对电子商务出口经营主体的分类、建立适应电子商务出口的新型海关监管模式并进行专项统计、建立相适应的检验监管模式、支持企业正常收结汇、鼓励银行机构和支付机构为跨境电商提供支付服务、实施相适应的税收政策,以及建立电子商务出口信用体系等要求。

2013 年 10 月,商务部发布了《关于促进电子商务应用的实施意见》。该意见指出,各地要积极推进跨境电商创新发展,努力提升跨境电商对外贸易规模和水平。对生产企业和外贸企业,特别是中小企业利用跨境电商开展对外贸易提供必要的政策和资金支持,加快跨境电商物流、支付、监管、诚信等配套体系建设。鼓励电子商务企业"走出去",支持境内电子商务服务企业(包括第三方电子商务平台、融资担保、物流配送等各类服务企业)在境外设立服务机构,完善仓储物流、客户服务体系建设,与境外电子商务服务企业实现战略合作等;支持境内电子商务企业建立海外营销渠道,压缩渠道成本,创立自有品牌;支持区域跨境(边贸)电子商务发展。支持边境地区选取重点贸易领域建立面向周边国家的电子商务贸易服务平台;引导和支持电子商务平台企业在边境地区设立专业平台,服务边境贸易。

2015年3月,国务院发布了《国务院关于同意设立中国(杭州)跨境电子商务综合试验区的批复》。该批复指出,要以深化改革、扩大开放为动力,着力在跨境电商各环节的技术标准、业务流程、监管模式和信息化建设等方面先行先试,为推动全国跨境电商健康发展提供可复制、可推广的经验;要控制好试点试验的风险,在保障国家安全、网络安全、交易安全、进出口商品质量安全和有效防范交易风险的基础上,坚持在发展中规范、在规范中发展。

2015年6月,国务院办公厅印发了《关于促进跨境电子商务健康快速发展的指导意见》,该意见共十二条,包括海关监管措施、检验检疫监管政策、进出口税收政策、财政金融支持、综合服务体系建设、规范跨境电商经营行为、加强多双边国际合作等方方面面。

2016年1月,国务院印发了《关于同意在天津等12个城市设立跨境电子商务综合试验区的批复》,同意在天津市、上海市、重庆市、合肥市、郑州市、广州市、成都市、大连市、宁波市、青岛市、深圳市、苏州市12个城市设立跨境电商综合试验区,着力在跨境电商企业对企业(B2B)方式相关环节的技术标准、业务流程、监管模式和信息化建设等方面先行先试。

2018年7月,国务院办公厅转发了《商务部等部门关于扩大进口促进对外贸易平衡发展意见》。该意见第十三条提出,创新进口贸易方式。加快出台跨境电商零售进口过渡期后监管具体方案,统筹调整跨境电商零售进口正面清单;加快复制推广跨境电商综合试验区的成熟经验做法,研究扩大试点范围。积极推进维修、研发设计、再制造业务试点工作。

2018年8月,国务院印发了《关于同意在北京等22个城市设立跨境电子商务综合试验区的批复》,同意在北京市、呼和浩特市、沈阳市、长春市、哈尔滨市、南京市、南昌市、武汉市、长沙市、南宁市、海口市、贵阳市、昆明市、西安市、兰州市、厦门市、唐山市、无锡市、威海市、珠海市、东莞市、义乌市22个城市设立跨境电商综合试验区；提出要复制推广前两批综合试验区的成熟经验做法，着力在跨境电商企业对企业（B2B）方式相关环节的技术标准、业务流程、监管模式和信息化建设等方面先行先试，探索跨境电商发展新经验、新做法。

2019年1月1日，《中华人民共和国电子商务法》正式施行，这是我国针对电子商务活动的第一本专门性基本法。2019年12月，国务院印发了《关于同意在石家庄等24个城市设立跨境电子商务综合试验区的批复》，同意在石家庄市、太原市、赤峰市、抚顺市、珲春市、绥芬河市、徐州市、南通市、温州市、绍兴市、芜湖市、福州市、泉州市、赣州市、济南市、烟台市、洛阳市、黄石市、岳阳市、汕头市、佛山市、泸州市、海东市、银川市24个城市设立跨境电商综合试验区。2020年5月，国务院印发了《关于同意在雄安新区等46个城市和地区设立跨境电商综合试验区的批复》，同意在雄安新区等46个城市和地区设立跨境电商综合试验区。至此，我国共有105个城市和地区拥有跨境电商综合试验区。

二、税收政策

（一）跨境电商税收制度

2013年以来，我国跨境电商零售进口参考海关"进口物品"标准进行征税（行邮税）。这样征税的好处是，由于行邮税有50元的起征点，因此跨境电商商品的征税额小于50元则可以享受零税率，这使得许多的跨境电商商品以"免税"的形式进入中国的消费市场。

2015年6月，国务院办公厅印发了《关于促进跨境电子商务健康快速发展的指导意见》，其中第五条指出，要明确规范进出口税收政策。继续落实现行跨境电商零售出口货物增值税、消费税退税或免税政策。关于跨境电商零售进口税收政策,由财政部按照有利于拉动国内消费、公平竞争、促进发展和加强进口税收管理的原则,会同海关总署、税务总局另行制订。

2016 年 3 月,财政部等部委发布了《关于跨境电子商务零售进口税收政策的通知》,明确了 B2C 模式进口税的征收模式。同一般进口贸易方式相比,对符合要求的跨境电商零售进口商品关税免征,增值税和消费税按照实际税额的 70% 征收。

2018 年 11 月,财政部等部委发布了《关于完善跨境电子商务零售进口税收政策的通知》,提高了跨境电商零售进口商品的单次交易限值,明确了已经购买的电商进口商品属于消费者个人使用的最终商品,不得进入国内市场再次销售。

(二) 税收优惠

2013 年 12 月,财政部等部位发布了《关于跨境电子商务零售出口税收政策的通知》,明确了电子商务出口企业出口货物适用增值税、消费税退(免)税政策的条件。2014 年 3 月,国家税务总局发布了《关于外贸综合服务企业出口货物退(免)税有关问题的公告》,公告明确了外贸综合服务企业可作为退税主体的情形,明确了对外贸综合服务企业作为退税主体的要求。

2018 年 9 月,财政部等部委发布了《关于跨境电子商务综合试验区零售出口货物税收政策的通知》,明确了综试区电子商务出口企业出口未取得有效进货凭证的货物,试行增值税、消费税免税政策的条件。

2019 年 10 月,国家税务总局发布了《关于跨境电子商务综合试验区零售出口企业所得税核定征收有关问题的公告》,明确了核定征收范围、核定征收条件、核定征收方式、核定征收程序以及优惠条件。综试区内核定征收的跨境电商企业,主要可以享受以下两类优惠政策:一是符合《财政部税务总局关于实施小微企业普惠性税收减免政策的通知》(财税〔2019〕13号)规定的小型微利企业优惠政策条件的,可享受小型微利企业所得税优惠政策。上述规定如有变化,从其规定。二是取得的收入属于《中华人民共和国企业所得税法》第二十六条规定的免税收入的,可享受相关免税收入优惠政策。

三、财政补贴政策

财政补贴视各地政策而异,本书举几个城市作为代表。

(一)杭州

2015年6月,杭州市人民政府印发了《关于推进跨境电子商务发展的通知(试行)》,鼓励跨境电商平台建设。鼓励各类跨境电商平台为外贸企业开展跨境电商提供服务,对年成交额超过1亿美元的跨境电商平台,每招引1家年进出口额在100万美元以上的外贸企业在平台上开展跨境电商业务,给予不超过2万元的资金扶持。每家跨境电商平台的资金扶持总额不超过500万元。鼓励各类跨境电商平台针对特定国家和地区开设子网站或独立页面。对年成交额超过1亿美元的跨境电商平台,针对英语国家和地区开设子网站或独立页面的,给予不超过10万元的资金扶持;针对非英语国家和地区开设子网站或独立页面的,给予不超过20万元的资金扶持。鼓励各类跨境电商平台采取措施提高跨境电商成交额。对年成交额超过1亿美元的跨境电商平台,跨境电商成交额年增幅超过1000万美元的,给予不超过10万元的资金扶持;年增幅超过5000万美元的,给予不超过50万元的资金扶持;年增幅超过1亿美元的,给予不超过100万元的资金扶持。

2015年10月,宁波市人民政府印发了《关于加快推进宁波市跨境电子商务发展的指导意见》。该意见指出,完善支持跨境电商发展财政金融政策。加大公共资金投入,设立市级跨境电商专项扶持资金,每年在2 000万元以上,并建立逐年稳步递增机制。各级财政要落实专项资金,加大对跨境电商的扶持。

(二)郑州

2018年1月,郑州市人民政府印发了《关于加快推进跨境电子商务发展的实施意见》,意见主要包括了五个方面的财政补贴政策和附则条款的内容。(1)支持企业跨境电商应用。根据应用领域,分为跨境电商在线交易、传统外贸企业转型和跨境O2O线下体验店三个方面。对跨境电商在线交易以在线交易额为标准给予财政补贴,对传统外贸企业转型以跨境电商应用中产生的支出费用为标准给予财政补贴,对跨境O2O线下体验店以营业面积为标准给予财政补贴。(2)完善跨境电商服务体系。根据服务类型,分为跨境电商公共服务平台、跨境电商园区、跨境电商平台和第三方跨境支付平台四种类型。对跨境电商公共服务平台以产生交易额为标准给予财政补贴,对跨境电商园区以使用面积为标准给予财政补贴,对跨境电商平台以服务收入为标准给予财政补贴,对第三方跨境支付平台采用一次性奖补方式给予财政补贴。同时,加强出口信保扶持力度,对年出口额达到300万美元以上的跨境电商企业,给予出口信保费用30%的资金补贴,每家企业补贴最高不超过300万元。(3)加快跨境电商物流建设。根据跨境电商物流环节涉及的主要业务,分为公共海外仓、境内监管出口仓、国际快递和国际物流专线四部分。公共海外仓、境内监管出口仓和国际物流专线采用一次性奖补方式给予财政补贴,国际快递则按年实际发生费用给予企业一定比例的资金支持。(4)发展跨境电商经营主体。根据实际情况,分为龙头企业引进、小微企业培育、自主品牌培育和海外分公司设立四方面。龙头企业引进采用一次性奖补方式给予财政补贴,小微企业培育以在线交易额为标准给予财政补贴,自主品牌培育以商标注册、国际认证中产生的支出费用为标准给予财政补贴,海外分公司设立以分公司数量为标准给予财政补贴。(5)鼓励跨境电商人才培养。一是鼓励高校开展专业教育,采用一次性奖补方式;二是支持社会开展人才培训,以培训收入作为扶持依据,具体条款将在人力资源政策部分予以介绍。

（三）重庆

2018年3月,重庆市开放型经济体制改革专项小组印发了《关于加快跨境电子商务发展的意见》。该意见指出,鼓励跨境电商主体培育:一是鼓励龙头企业引进。对落户本市的跨境电商企业,落户首年跨境电商进出口额超过一亿元人民币的,按规定予以资金支持;鼓励通过代理招商形式引进重庆市外资金在重庆市投资设立法人机构的投资促进活动,对招商代理机构成功引进重大项目实行奖励制度。二是推动企业转型发展。对开展跨境电商业务且达到一定规模的企业及各类经营主体给予重点支持。鼓励企业开展跨境电商营销服务。鼓励跨境电商平台和第三方服务企业,为跨境电商企业提供全网营销服务,实现线上交易。对有交易、服务实绩、年进出口额达到相应规模的跨境电商企业及各类经营主体,按规定予以资金支持。

四、货币政策

2015年6月,国务院办公厅印发了《关于促进跨境电子商务健康快速发展的指导意见》,其中第七条指出,要提供积极财政金融支持。鼓励传统制造和商贸流通企业利用跨境电商平台开拓国际市场。利用现有财政政策,对符合条件的跨境电商企业走出去重点项目给予必要的资金支持,为跨境电商提供适合的信用保险服务。向跨境电商外贸综合服务企业提供有效的融资、保险支持。

2015年6月，杭州市人民政府印发了《关于推进跨境电子商务发展的通知（试行）》，鼓励跨境电商融资体系建设。有效运用股权投资方式支持我市跨境电商企业的发展；完善政策支持机制，积极缓解跨境电商企业的融资难问题；支持跨境电商企业投保出口信用保险；建立跨境电商风险资金池，防范跨境电商业务流程中的各类风险。

2015年8月，上海市人民政府印发了《关于促进本市跨境电子商务发展的若干意见》。该意见第十条指出，建立适应跨境电商发展的多元化、多渠道投融资机制，支持和引导银行业金融机构对跨境电商企业开展供应链金融、商业保理服务，在风险可控的前提下，加强与电商平台业务合作，根据跨境电商业务特点和要求，开展线上融资方式及担保方式创新，鼓励基于诚信的无抵押贷款方式推广。为跨境电商提供适合的信用保险服务。引导和推动各类创业创投资金支持跨境电商初创企业，鼓励支持有条件的跨境电商企业上市。

2015年10月，宁波市人民政府印发了关于《关于加快推进宁波市跨境电子商务发展的指导意见》。该意见指出，完善支持跨境电商发展财政金融政策。通过引入股权融资等资本运作方式，用电商产业引导基金撬动社会资本向跨境电商集聚，并向跨境电商产业链企业提供有效的融资、保险支持，形成多元化投入机制。

2016年8月，重庆市人民政府印发了《关于中国（重庆）跨境电子商务综合试验区实施方案的通知》。该方案提出要支持创业创新。建立跨境电商创业孵化平台和机制，制定专项扶持政策，为创业人员提供场地、人才、技术、资金支持和创业平台孵化服务。充分发挥产业引导股权投资、战略性新兴产业、科技创业风险投资引导等基金的杠杆作用，有效引导社会资金进入跨境电商创新发展领域，为小微企业和网商个人创业提供服务。鼓励跨境电商企业通过多层次资本市场进行融资。

2017年3月,郑州市人民政府印发了《关于郑州市2017年跨境电商综试区建设实施方案的通知》。该方案指出,要协调推动跨境电商线上融资及担保方式创新试点开展。在风险可控的前提下,积极探索线上融资、担保、保险等互联网金融产品和服务,扩大出口信用保险覆盖面,鼓励保险机构创新研发适应跨境电商的新型险种,开展出口信用保险保单融资业务。

五、人力资源政策

跨境电商需要专门化的电商人才。为了鼓励跨境电商人才的集聚,各地也出台了吸引跨境电商的人力资源政策。

(一)杭州

2015年6月,杭州市人民政府印发了《关于推进跨境电子商务发展的通知(试行)》,鼓励跨境电商人才引进培养:鼓励在杭高校根据自身条件,整合现有师资力量,结合产业发展实际需求开设跨境电商专业。对开设跨境电商专业,且纳入全国高等院校统一招生计划的在杭高校,给予最高不超过100万元的资金扶持。鼓励跨境电商企业通过在杭高校及经认定的社会培训机构(含跨境电商平台),为员工开展跨境电商专业培训。对年培训人数超过30名的企业,给予企业不超过实际培训费用20%的经费补助,每家企业每年经费补助最多不超过10万元。鼓励跨境电商企业引进跨境电商专业人才。符合"杭州市人才新政27条"相关条件的高端跨境电商人才,可优先享受相关政策。

(二)上海

2015年8月,上海市人民政府印发了《关于促进本市跨境电子商务发展的若干意见》。该意见第十一条指出,支持符合条件的跨境电商创业人才落户上海,支持院校和社会培训机构开展跨境电商相关培训。

(三) 宁波

2015 年 10 月,宁波市人民政府印发了《关于加快推进宁波市跨境电子商务发展的指导意见》。该意见指出,鼓励跨境电商人才培养。加强对跨境电商的人才培养。依托高等院校、电子商务研究院、专业培训机构等社会资源,实施"千企万人"培训计划,开展跨境电商意识"启蒙活动",推动传统外贸企业顺势融入"＋互联网"经济。建立跨境电商人才孵化基地,加快培养综合掌握电子商务、外贸业务、市场营销和供应链管理等知识的跨境电商适用人才。

(四) 郑州

2018 年 1 月,郑州市人民政府印发了《关于加快推进跨境电子商务发展的实施意见》。该意见指出鼓励跨境电商人才培养。一是鼓励高校开展专业教育。对开设跨境电商专业(或面向我市跨境电商企业的订单班),纳入全国统一招生计划且招生人数在 50 人以上的在郑本科院校,一次性给予 100 万元资金扶持;对开设跨境电商专业(或面向我市跨境电商企业的订单班)且纳入全国统一招生计划且招生人数在 50 人以上的在郑高职院校,一次性给予 60 万元资金扶持。二是支持社会开展人才培训。对开展跨境电商人才培训的社会培训机构,面向个人培训的,每培训班次不低于 30 天,且每班次不少于 50 人的,按照每人 100 元的标准给予资金扶持,最高不超过 10 万元。面向企业培训的,每培训班次不低于 5 天,且每班次不少于 20 人的,按照实际发生的年培训费用给予不超过 20% 的资金扶持,最高不超过 10 万元。每个培训机构资金扶持总额不超过 20 万元。

（五）重庆

2018 年 3 月,重庆市开放型经济体制改革专项小组印发了《关于加快跨境电子商务发展的意见》。该意见指出,要鼓励人才引进与培养:一是大力引进跨境电商人才。对符合"重庆市引进高层次人才若干优惠政策规定"和"重庆市引进海内外英才'鸿雁计划'实施办法"规定的重要专业人才,按照政府引导、用人单位为主、市场化配置机制和聚焦产业、突出创新、按需引进、市场认可、重在使用的原则,在安家资助、分配激励、项目扶持、培养使用、保障服务予以支持。二是强化跨境电商教育和培训。发挥院校和企业的主体作用,加强校企合作,鼓励社会力量和公共机构开展跨境电商职业培训。跨境电商职业培训按照我市相关职业培训政策进行补贴,同时构建市、区两级的跨境电商人才培训激励机制。

第三节　日本扶持跨境电商产业发展政策措施

一、完善法律环境

日本政府十分重视电子商务的法律体系建设。日本的电子商务法律体系分为纲领性立法和其他法律。纲领性的法律是《高度信息通信网络社会形成基本法》,以此法为核心,日本针对公平交易、产品安全等问题出台了一系列相关法律,如保障消费信息权利的《电子签名与认证服务法》,针对互联网交易的《消费者合同法》,设定合同冷却期的《特别商业交易法》,保护网络隐私权的《个人信息保护法》,打击虚假广告的《不良网站对策法》。此外,日本还对大量法律进行了修改和完善:针对电子认证问题修改了《公证人法》和《商业登记法》,针对电子合同问题修改了《证券交易法及金融期货交易法》,为应对网上商事行为合法性问题修改了《商法》,针对网络竞争问题再次修改《反不正当竞争法》。

日本跨境电商立法的特点是与国际法律接轨,例如《高度信息通信网络社会形成基本法》参考了《全球电子商务框架》和《欧盟电子商务倡议》。

二、严格电子商务以及跨境电商准入标准①

日本建立了严格的电子商务准入制度,并实施严格的准入标准和身份确认制度。想要进入日本电子交易平台的商户,首先必须进行工商登记手续,凭登记凭证方可申请网上商品交易业务。其次,申请网上交易的商户必须在完成身份确认后,方可开展交易活动。从事电子商务交易的商家还需接受第三方认证。日本的信用调查机构将对参与电子商务交易的商户进行信用调查,并根据调查结果对商户的经营活动进行信用等级评估。不仅如此,电子交易平台运营商还有委托从事配送的物流公司确认买家的真实身份的义务,以保护商户的利益不受损害。因此,日本对跨境电商的交易各方都有严格的监管。

三、补贴重点跨境电商企业②

日本政府相关部门把 B2C 模式的电子商务称作客户电子商务,把 B2B 模式的电子商务称作公司电子商务。日本政府专门拨出较多金额的预算,扶持电子商务企业和具有创新性的重点项目。

四、解决跨境纠纷投诉③

在日本政府的授权下,日本成立了跨境消费者中心 CCJ。在 CCJ 秘书处的统一组织协调下,专家们组成若干在线争端调解室,为当事人提供

---

① 商务部:《日本如何监管电商交易,严格准入及身份确认》,来源于 http://www.mofcom.gov.cn/article/i/dxfw/cj/201412/20141200834851.shtml,2020 年 4 月 3 日访问。

②③ 中国电子商务研究中心:《中国电子商务研究中心:主要国家和地区跨境电商发展经验及启示》,来源于 http://www.chinawuliu.com.cn/xsyj/201607/05/313376.shtml,2020 年 3 月 5 日访问。

法律咨询、交易纠纷解决方案和在线调解等专业服务。CCJ 与美国 BBB、欧盟 GTA、新加坡 TrustSG、中国台湾 SOSA 等各国家和地区的电子商务交易纠纷解决机构签订跨境纠纷解决合作备忘录，共同基于统一流程和标准处理对应的跨境电商交易纠纷，有效地保护了本国消费者权益，提升日本电子商务企业国际声誉。

五、税收政策

2019 年 10 月，日本的消费税由 8％提高到 10％。消费税的提高针对的是所有零售行业，包括线上线下、进口及国内。但日本提高消费税的目的是为了支持教育的发展，而非针对跨境电商行为。因此，在税收政策上，日本对跨境电商的税收保持中性。

六、提供货运支持①

日本邮政和新加坡邮政合作，对日本电子商务公司的海外销售业务提供一项新型电子商务贸易商交付服务。它由新加坡日本子公司运营，并承诺向从事海外销售的客户提供"综合货运支持"。这项服务将提供一站式物流服务，电子商务贸易商可以简化从仓储到交付的流程。该服务可处理小规模交易，降低外包成本，对中小型电商开展跨境贸易提供了便利的运输渠道。

第四节　韩国扶持跨境电商产业发展政策措施

一、注重跨境电商相关专业人才培养

目前，韩国能主导跨境电商的高级人才仍供不应求。跨境电商需要

---

① 中国电子商务研究中心：《中国电子商务研究中心：主要国家和地区跨境电商发展经验及启示》，来源于 http://www.chinawuliu.com.cn/xsyj/201607/05/313376.shtml，2020 年 3 月 5 日访问。

的人才不仅要具备贸易实务相关的知识,还需要通晓互联网信息通信技术知识。因此,韩国政府以韩国贸易协会下属的贸易研究院、电子商务支援中心等民间专门教育机构为中心,对各企业的贸易通商负责人及企业职员进行跨境电商相关的在线远程教育及实习教育。①

二、完善跨境电商统计体系

韩国统计厅自 2015 年开始设立统计跨境电商,包括进出口规模及进出口国家地区等,发布具有官方权威性的数据。不过目前韩国统计厅的数据库仅包括通过韩国平台的跨境电商出口情况,通过中国平台进行的跨境电商业务数据也是十分重要的,为此,韩国政府通过与中国海关加强协作,不断完善跨境电商统计体系,建立韩国跨境电商的官方权威数据库,为韩国企业从事跨境电商业务提供可靠的数据来源。②

三、完善跨境电商相关法律制度体系

韩国在 2014 年才出台电子商务进口相关政策。同年 4 月,出台《垄断消费品进口结构改进方案——以平行进口和跨境电子商务进口为中心》;6 月,韩国海关采用负面清单制度将跨境电商进口目录通关的适用范围扩大至医药产品之外的所有跨境电商进口产品。2014 年 7 月,韩国修订《个人信息保护法》,海关开始实施个人通关特定符号制度。为了防止跨境电商进口偷税行为的发生,韩国海关于 2015 年 3 月 13 日开始实行合并计税制度。③

①③ 赵宰衍:《中韩电子贸易现状及发展策略研究》,青岛科技大学硕士学位论文,2014 年提交。

② 刘文、张丹:《中韩跨境电商发展比较研究》,《当代韩国》2017 年第 1 期,第 1—19 页。

第五节　美国扶持跨境电商产业发展政策措施

一、构建完善的跨境电商协调结构与法律制度体系

美国电子商务发展起步早,也拥有诸多的跨境电商企业。美国跨境电商的发展与美国政府的扶持政策密不可分。1996 年,美国成立了专门的电子商务管理协调机构,负责制定电商的相关政策措施,并督促相关部门的实施。

美国的《全球电子商务框架》报告,对发展电子商务的关税、电子支付、安全性、隐私保护、基础设施、知识产权保护等进行了规范,明确了美国对于无形商品或网上服务等经由网上进行的交易一律免税,对有形商品的网上交易,其税赋应比照现行规定办理。这些准则成为美国制定跨境电商政策的依据。

目前,美国政府为跨境电商发展建立了较为完备的法律制度体系,涵盖税收政策、个人隐私保护、知识产权保护、信息安全、电子支付系统和电信技术标准等方面。美国有完善的电子商务法律体系,包括《互联网商务标准》《电子签名法》《网上电子支付安全标准》和《互联网保护个人隐私法案》等。同时,美国还积极主导建立跨境电商的国际规则。美国的《全球电子商务纲要》确立了发展跨境电商的五大原则,即互联网独特性质、企业主导、政府规避不恰当限制、政策可预测以及全球视野五大原则,并将之推广到世贸组织 132 个成员签署的《关于电子商务的宣言》和经济合作与发展组织(简称 OECD)部长级会议讨论的《全球电子商务行动计划》中。①

---

① 中国电子商务研究中心:《中国电子商务研究中心:主要国家和地区跨境电商发展经验及启示》,来源于 http://www.chinawuliu.com.cn/xsyj/201607/05/313376.shtml,2020 年 3 月 5 日访问。

二、构建完善的税收制度

美国政府率先实现网上贸易免税政策,并主张和推动各国对网上贸易免征关税。美国与欧盟发表了有关电子商务的联合宣言,就全球电子商务指导原则达成协议,承诺建立《无关税电子空间》。同时,美国国会通过了《因特网免税法案》。该法案明确"信息不应该被课税"。美国众议院通过了"永久性互联网免税法"的法案。①但近几年,美国将电商的消费税优惠取消,与线下零售一视同仁。这说明美国的跨境电商税收也愈来愈中性。

第六节　欧盟扶持跨境电商产业发展政策措施②

一、制定基本法律

欧盟的《电子商务行动方案》明确了欧盟应在信息基础设施、管理框架、技术和服务等方面为发展电子商务奠定基础。《电子签名指令》旨在协调欧盟各成员国之间的电子签名法律,将电子签名区分为简单、一般和严格三类,并根据技术的安全级别,给予不同的法律地位,在法律上如证据的效力方面进行区别对待。欧盟的《电子商务指令》全面规范了关于开放电子商务市场、电子交易、电子商务服务提供者的责任等关键问题。

二、健全税收制度

关税方面,欧盟个人从境外邮购的商品,价格在 150 欧元以下的免征关税;商品价值在 150 欧元以上的,按照商品在海关关税目录中规定的税

---

①②　中国电子商务研究中心:《中国电子商务研究中心:主要国家和地区跨境电商发展经验及启示》,来源于 http://www.chinawuliu.com.cn/xsyj/201607/05/313376.shtml,2020 年 3 月 5 日访问。

率征收关税。关税的税基是商品附加值加进口增值税的总额,而非仅仅商品价值;报关单的申报价值需与账单金额一致,否则需补交进口增值税和关税。增值税方面,欧盟对企业通过网络购进商品征收增值税。根据欧盟《关于保护增值税收入和促进电子商务发展的报告》,不论供应者是欧盟网站还是外国网站,一律征收20%增值税,并由购买者负责扣税。而在增值税方面,跨境电商卖家需要在每个欧盟国家单独注册和申报增值税,而货值低于22欧元的进口增值税实行免征。

但根据欧盟国家增值税改革的趋势,未来欧盟实行增值税改革方案。按照此方案,跨境电商卖家将来只需要在一个欧盟内部国家来注册增值税和进行税务申报而不再需要在每个欧盟国家单独注册和申报增值税,这一举措预计将使卖家的税务合规成本降低95%。同时,欧盟增值税改革方案新规中取消了货值低于22欧元的进口增值税免征的政策。这一政策预计会在2021年实施。①

实际上,随着各国跨境电商制度的完善,各国都在收紧跨境电商税收优惠。澳洲税务局发布关于低价值产品的GST(Good and Service Tax商品及服务税)通知。该通知指出,联邦议会已经通过新GST法案:澳大利亚将从2018年7月1日开始,把GST的征收扩大到消费者进口低价值的实物货品。俄罗斯国家杜马拟定的2018—2020年财政预算草案中也曾指出,自2018年7月1日起,俄罗斯政府将之前对海外网购1 000欧元以上征税的规定,调整为超过20欧元就要征税。印度GST(增值税)调整,主要目的是降低印度制造商品在生产流通领域中的税率,振兴印度制造,但某些品类也有所降低税率,但由于存在中央政府和地方两种税,情况较为复杂。②

---

①② 雨果网:《欧盟VAT改革方案对于跨境电商到底意味着什么》,来源于https://www.cifnews.com/article/31248,2020年6月5日访问。

第七节　国外跨境电商扶持政策的经验总结

一、重视跨境电商立法

国外跨境电商发达的国家大都重视跨境电商的立法工作。这样才能更好地支持跨境电商的发展。一般来说，国外跨境点上发达的国家，立法大都覆盖三个层次：一是具有基本的跨境电商促进法或促进计划；二是围绕跨境电商通关、进出口税收、支付、信用保证、支付等方面的专门法律或法规；三是在国内的一般法律中会进行完善从而能够覆盖跨境电商行为。此外，发达国家跨境电商的法律与法规大都与国际法律或标准接轨。

规范的跨境电商法律与法规有利于从法律层面规范跨境电商的扶持政策，避免各地出台各类扶持政策。

二、直接补贴较为罕见

同中国各地方政府对跨境电商的补贴相比不同，国外罕有针对跨境电商的直接补贴。这是因为国外市场化程度比较高，政府一般很少干预市场主体。更多的是为跨境电商发展提供良好的营商环境。有的国家如日本，虽然对跨境电商行为有补贴扶持，但是针对一般的电子商务企业而非单纯的跨境电商企业，而且即使是补贴也会针对重点项目进行补贴。

三、逐步收紧跨境电商的税收优惠

消费者青睐跨境电商的一个重要原因就是因为其相对偏低的税负水平和合理的售价。在跨境电商发展的早期，各国对跨境电商一般都有征税的起征点（如我国行邮税是 50 元）或对征税的商品售价有最低要求（如欧盟对小于 22 欧的跨境电商商品不征收增值税）。但随着全球跨境电商的发展与完善，越来越多的国家取消征税的最低界限。更多的国家是通过优越的营商环境来吸引跨境电商的发展。

四、间接扶持跨境电商的发展

与直接补贴相比,国外跨境电商的扶持更多的是通过提供各类制度保障来降低跨境电商企业的成本从而达到扶持的目的。例如,日本建立跨境消费者中心从而提升日本跨境电商企业的声誉;通过"综合货运支持"降低外包成本。韩国有着完备的跨境电商统计系统,能够为跨境电商企业提供免费、精确的市场信息,也能促进跨境电商企业效益的提升和经营风险的降低。

上述这些措施都起到了间接补贴的效果,同样能够起到降低跨境电商企业的成本、促进跨境电商发展的目的。而且间接补贴有一定的门槛,避免了企业为了骗取补贴而发展跨境电商。

五、重视人力资源培养

许多国家重视跨境电商人力资源的培养。例如在韩国,以各类民间专门教育机构为中心,对各企业的贸易通商负责人及企业职员进行跨境电商相关的在线远程教育及实习教育,从而提升跨境电商企业的管理实力。跨境电商需要复合型的人才,对人才的需求也较高。因此有的国家与高校合作培养跨境电商人才,有的国家与民间培训机构合作培养跨境电商人才。

第八节　国际视角下完善我国跨境电商政策与建议

一、审视跨境电商税收政策

我国对跨境电商商品在2013—2016年参照行邮物品进行征税。由于行邮税有50元的免征额,这使得大量的商品以"免税"的方式进入国内市场。在 2016 年,我国跨境电商零售进口实行关税不征、增值税和消费税按实际税额 70％的方式进行征收,跨境电商商品彻底没有了免税范围。此外,我国对跨境电商出口商品实行"免抵退税"政策或"免税"政策。从当前的税收制度来看,跨境电商零售进口存在"政策洼地",相对于一般进口商品来说,其税收负担明显偏低。特别是对于关税税率高的商品,跨境电商进口方式同一般贸易进口方式税负水平差距悬殊。这违背了税收的中性原则,造成一般贸易进口商的"不公平",也容易形成"走私电商化"。许多一般贸易进口商利用跨境电商方式进口商品,随后在国内进行零售,来达到规避进口关税、进口增值税和进口消费税的目的。

从国际范围来看,许多国家都取消了跨境电商零售进口方式的税收优惠。因此,随着我国跨境电商行业的完善与成熟,跨境电商零售进口的税收优惠政策将取消。针对跨境电商企业的所得税优惠政策等也同样是过渡性的政策,未来针对跨境电商企业"税收政策洼地"将会消失。

二、优化跨境电商补贴方式

由于跨境电商的发展能够带来拉动就业、促进当地产业结构转型升级、提高 GDP、促进外向型经济发展等诸多好处,因此各地都纷纷采取措施给予跨境电商直接或间接的补贴(例如无息贷款),也有实物方面的补贴例如免费提供网络。但从全国各地的实施情况来看,地方政府各自出台补贴政策会产生一些问题。

第一,普惠性的补贴。普惠性的补贴大致就是只要是跨境电商行为就给予一定的补贴,这类补贴的特点是门槛较低但补贴量不大。这样的补贴,一是由于门槛过低容易造成"骗取"补贴行为的出现;二是由于补贴量较小,并不能达到扶持的目的。

第二,专项补贴。专项补贴是针对某种特定跨境电商企业或跨境电商企业特定的行为进行的补贴。例如深圳在 2018 年开展了对具备一定实力的跨境电商企业和供应链管理企业,以 B2B 方式为跨境电商业务提供"海外仓"综合配套服务,以及完善海外运营中心服务设施项目给予一定资金资助的补贴政策。每家企业的贷款贴息额度年度最高不超过 1 000 万元,单个企业三年累计贴息额最高不超过 3 000 万元。该项补贴的特点是支持力度较大,但门槛太高,例如申报单位投入运营的"海外仓"(海外仓储物流等综合服务设施)数量不少于 5 个,总面积不低于 10 000 平方米、其中 2015 年、2016 年服务企业开拓市场的数量不少于 1 000 家。

未来各地政府对跨境电商企业的补贴,一是要选择重点项目进行补贴而非普惠制的补贴;二是降低补贴的门槛,让真正需要补贴的企业切切实实享受到补贴带来的好处。

三、优化跨境电商交易制度

在国外,一般对于跨境电商企业并没有直接的补贴,但通过建立良好的营商环境、降低跨境电商企业的交易成本一样能够起到提升跨境电商企业经济效益的目的。例如,建立完备的跨境电商统计体系,能够更多地为企业提供翔实、免费的市场信息、建立信用体系降低跨境电商企业的风险、设立产业孵化基地等。这些政策针对性强,效果显著,比一般补贴效率更高。例如,青岛跨境电商综合实验区就建立适合销售商对消费者(B2C)和工厂对消费者(M2C)模式的归类、申报、统计等制度,探索建立青岛综试区备案企业检验检疫"进口管住,出口放开"的管理机制,创新跨境电商企业对企业(B2B)交易外汇收支模式,创新跨境电商信用管理体系,创新跨境电商统计监测制度,建立跨境电商交易"互联网+物联网"模式的风险防控制度和监管体系,探索引领全球跨境电商发展的国际规则。[①]上海跨境电商综合实验区加快培育企业主体、探索综合金融服务、

---

① 长城网:《17 项举措创新跨境电商模式》,来源于 https://www.sohu.com/a/73577740_119586,2002 年 6 月 2 日访问。

完善国际物流服务、健全配套综合服务、推进认证认可制度、培育集聚行业人才和制定产业扶持政策。①

这些政策都能降低跨境电商企业的经营风险和成本,达到促进产业发展的目的。

四、优化跨境电商人才培养政策

跨境电商对人才数量和整体素质的需求都较大。2017 年,中国跨境电商相对领域的人才缺口据不完全统计需要有 450 万;2017 年在以 39％ 的速度在增加。②

从全国各地政策来看,大都有以下的措施:一是通过与高校合作开设电子商务专业或培养订单式毕业生的高校并给予一定的补贴;二是对社会培训进行补贴,通过市场机制引导社会培训机构培养跨境电商人才;三是开展人才引进,通过基于一定的安家费、户籍政策等吸引跨境电商高级人才。例如,上海通过出台文件,要求培育和集聚跨境电商人才,鼓励企业、社会组织及教育机构合作办学;鼓励高等院校开设跨境电商专业课程,各类培训机构增加跨境电商技能培训项目;支持符合条件的跨境电商创业人才落户上海,支持院校和社会培训机构开展创业培训,使跨境电商成为创新驱动发展的重要引擎和大众创业、万众创新的重要渠道。③

---

① 上海市人民政府:《中国(上海)跨境电子商务综合试验区实施方案》,2016 年 6 月 1 日。

② 陈海权:《中国跨境电商约有 450 万的人才缺口》,来源于 http://www.ebrun.com/ 20171027/251440.shtml,2020 年 6 月 7 日访问。

③ 《上海促进跨境电商发展的若干意见》,沪府办发〔2015〕32 号,2015 年 7 月 20 日。

第八章

总结与借鉴

发达国家在跨境电商实践方面已经有了诸多尝试,其中有一些做法是依据其自身国情而特别设定的,具有独特性,而有些原则和宗旨则在世界范围内都有普适性,只有系统总结其中的共性及独特做法,才能更好地为我所用。前文研究了国内外的跨境电商在便利化、立法、税收、风险管理、统计等方面的状况,如对欧盟跨境电商发展的研究、对新加坡跨境电商发展路径及优化方向的研究以及针对美国跨境电商的研究。本章一方面总结各国海关在跨境电商监管方面的做法,另一方面结合共性和个性问题,从全球跨境电商面临的挑战和相关国家的实践着手,为国内跨境电商发展提出建议。

第一节 各国跨境电商海关管理经验总结

一、重视电子数据系统的开发与应用

美国和欧盟的电子数据系统相对成熟,已经将强化系统、自动商务系统和管理系统这三大系统进行聚合,其强大的架构使得电子系统的处理能力得到极大的发挥。借助成熟的电子数据系统,欧美等国家和地区利用其健全的担保制度和完善的预付制度,在跨境进口应用中,将货物验放和税费缴纳两大系统进行分离,通过不同的方式进行申报,这种模式可以使货物快速通关,最大程度缩减海关监管时间。

二、多部门合作联合海关监管

为了对跨境电商进行有效的海关监管,绝大多数发达国家通过信息化系统加强各国家(部门)间的合作。欧盟为了方便成员国快速提取涉及本国的进出口预警信息,开发了 REPAX 和 RASFF 信息系统,并通过这两个系统对进出口的商品进行海关监管。①美国建设了一个向公众开放的网络数据库,通过此数据库,美国政府可以联合安检、外汇等部门海关监管进出境的商品,帮助企业开展合法合规的跨境电商贸易。②澳大利亚以多部门信息共享为理念开发了信息服务平台,跨境电商承运人或者进出口主体只要在此平台上录入相关的申报数据,就可以同时向海关、工商、检验检疫等多个部门提供相关信息,方便各部门快速地处理相关申报信息,进行海关监管。

三、建立"单一窗口"

对跨境电商进行有效的海关监管需要建立立体化的海关监管流程,不能仅靠单个部门或是单个国家的力量,有必要建立区域"单一窗口"乃至全球"单一窗口"。跨境电商交易往往涉及多个国家和地区,如商品进口国(地区)、出口国(地区)、中转国(地区)等,需要相关国家和地区相互合作进行立体化海关监管。同时,在国内,对于跨境电商的海关监管需要海关、检验检疫、外汇、工商等部门的业务合作和信息共享,实现对跨境电商全面高效的海关监管。

四、利用风险管理技术进行有效海关监管

对跨境电商的风险管理是制定周详政策和商业决策的关键,目前世

---

① A.F.Farhoomand and P.Boyer, "Barriers to electronic trading in Asia Pacific," EDI Forum, vol.7, no.1, pp.68—73, 1994.

② P.Rietveld and J.Janssen, "Telephone calls and communication barriers: The case of the Netherlands," Anuals of Regional Science, vol.24, pp.307—318, Apr.1990.

界处于"大数据时代"，可以借鉴欧盟区域内数据源统一格式的做法，对搜集到的大量数据进行分析，从而更加有效地对进出口贸易风险进行测量，加强风险控制。此外，借助人工智能和创新技术，会更有利于做好风险管理。同时，海关应与各利益相关者紧密合作，并与其他政府部门一起，采用国际统计标准和国家政策一致的方法，精确地捕捉、评估、分析并公布跨境电商的统计数据，为制定合理的决策服务。

第二节　中国跨境电商海关管理优化策略

为了识别、评估海关监管风险，从实践和理论上分析，不仅需要对国家的海关监管体系进行规范和约束，也需要各企业间的有效沟通与合作，降低信息不对称，以更好地协调物流、资金流以及信息流等。中国跨境电商进口有其独特的性质和特点，企业必须根据其特点进行环境扫描，识别、防范、抵抗和控制风险，把各种因素纳入风险体系，优化跨境电商的管理。

一、强化跨境电商信用体系建设

网络的开放性和虚拟性导致跨境电商的信用危机易发。跨境电商的健康发展离不开安全诚信的市场环境，因此，需要加强跨境电商信用机制建设。

（一）基于大数据建立信用评价体系

跨境电商信用评价体系主要体现在信用评价指标体系和信用评价模型两个方面。建立完善的信用评价指标体系需要确定评价指标，利用大数据技术在不同维度、不同层次以及不同途径的海量信息形成大数据体系,再从海量的数据当中找到内在的关联性,提炼出所含共同特征的指标。有学者从三个维度构建了大数据征信采集结构:电商平台交易数据、网络轨迹数据、第三方数据。①因为大数据下的指标检验过程繁杂往复,工作量大,在确定每项指标权重时,适合用模糊层次分析法,结合数据处理软件进行训练模拟,最后在网络终端进行输出,期望可以得到完整、准确、全面和迅速的分析结果,从而设计出相对动态和完整的跨境电商信用评价体系。

(二)完善第三方信用中介机制

从目前一些世界知名信用评级机构来看,跨境电商第三方信用中介在创建良好交易环境中发挥着越来越重要的功能。存在第三方信任中介时,买方在交易前会对企业信用有所了解,在交易过程中也有第三方信任中介的监督。当双方对信用凭证要求存在分歧或买方投诉信用欺诈时,双方可以私下协商或提交第三方信用中介机构作裁定。交易完成后买方对卖方的交易行为作出评价,在网络即时性下,第三方信任中介及时收到反馈评价,对卖方进行新的信用评估。引入第三方信用中介后,明显提高交易率,增加交易次数,更加有利于形成跨境电商整体市场的信任程度和诚信意识。②

(三)通过加强海关监管督促企业自律

将企业统一纳入社会信用评价体系,强化跨境电商企业和交易平台的自我规范以及自我约束的能力。依托海关监管建立信用等级制度,信

---

① 张云起、孙军锋、王毅等:《信联网商务信用体系建设》,中央财经大学学报,2015 年第 4 期,第 90—99 页。
② 杨元彦:《跨境电商信任机制研究》,河北工业大学硕士学位论文,2015 年提交。

用评级较高的企业可以享有优先通关权和加速清关等优惠措施。同时，充分发挥自律性行业组织在打击跨境电商领域犯罪方面的作用，支持电子商务体系涉及的企业、行业协会、第三方支付平台以及海关监管评价部门等建立行业自我约束和规范体系。

二、跨境电商制度总体建设

（一）推进与国际通行规则相对接的制度创新

目前，美国和欧盟在电子商务规则方面已经形成相对完整的体系，包括服务数字电子商务规则、电子商务运行规则以及深化电子商务服务体系等。中国需要顺应未来数字贸易快速发展的趋势，延伸跨境电商的内涵和外延，设立改革试点，建立新的跨境电商规则。关注欧美国家"以数字内容产品为主的电子商务规则"，参照美国、欧洲等区域贸易协定中的电子商务规则，不但要重视货物贸易领域，也要关注服务贸易领域，全面梳理不适合当今电子商务发展的各种规章制度，迅速和前瞻性地响应数字化时代中电子商务运行模式的变革。①

（二）加强跨境电商政企合作

海关在跨境电商监管过程中要严格履行自身职责，提升海关监管执法水平，不仅要提高对跨境商品的质量控制，还要加强政企合作，与跨境电商平台合力防止跨境网络交易中涉及制造销售假冒伪劣商品，严厉打击侵犯知识产权的行为，提高产品和服务质量，防范风险。密切关注境外供应商产品质量，建立产品质量追溯体系，从产品源头杜绝和控制不合格产品进入中国市场，并且建立境外企业事后违规惩罚机制。

---

① 路建楠：《上海发展跨境电商的建议》，《科学发展》，2016 年第 8 期，第 52—57 页。

（三）构建完整生态链

完善单一窗口功能，打造跨境电商完整生态链。各地涉及跨境电商的政府管理部门应以完善线上跨境电商"单一窗口"为核心工作，依托上海市电子口岸、亚太示范电子口岸等网络资源，提升跨境电商"单一窗口"的海关监管和服务功能，保障各口岸部门数据的互通和共享，为企业提供统一的、明确的、标准化的数据接口和接入流程，支持更多出口模式落地并将相关业务纳入平台。积极支持线下园区综合服务平台建设，实现线上线下联动发展，无缝对接。以各地跨境电商工作领导小组为核心，分解任务，施行部门负责制，协调商务委、口岸办、跨境电商公共服务有限公司，海关、出入境检验检疫局、外汇管理局、国税局等相关部门。

（四）通关服务和"单一窗口"的无缝对接

在考虑区位因素的基础上，跨境电商公共通关服务平台可在物流密集的示范园区设立。公共通关服务平台的内部建设和物理规划可充分借鉴广州黄埔状元谷跨境电商海关监管中心的模式，以充分体现大通关改革精神，实现关检合作，并和跨境电商"单一窗口"实现无缝对接。在通关查验环节，设计一个查验流水线三个查验出口，分别为海关、关检和检验检疫查验出口，为"三个一"合作顺利开展奠定基础。

在公共通关服务平台和跨境电商"单一窗口"的对接上，要高度重视协调园区管理系统和"单一窗口"的数据和信息交换功能，预留或开发相应的接口，统一数据字段和要求，充分协调和调研，做好前期需求分析，并最终实现公共通关服务平台、跨境电商"单一窗口"和园区管理系统无缝对接，协同作业。

三、完善与优化当前跨境电商模式

"海淘"进口模式是跨境电商进口海关监管的"灰色地带"。因此,应加强对"海淘"进口的海关监管,提升对"海淘"进口途径如行李、邮件的查验率,加大违规的处罚力度。在可能的情况下,进一步提高部分物品特别是奢侈品的行邮税税率,取消行邮税50元的起征点,以此来提升"海淘"进口的成本,防止"海淘"进口模式扰乱国内跨境电商市场,维持正常的市场经济秩序。

保税模式无疑是效率最高的跨境电商模式。它具有运输时间短、运费少、相对安全的特点,但该模式也存在巨大的风险。未来在通关方面,在做好保税便利化的同时,要落地各项推迟落实的海关监管政策,完善保税的准入门槛,严格限制开展跨境电商海关特殊监管区的种类。在保证尽可能便捷的前提下,加强对跨境电商的海关监管是降低其风险的有效途径。此外,可以尽可能地拓展跨境电商进口清单,让消费者能够享受更全面、更丰富的国外产品。

直购进口虽然成本高、时间久、效率低,但由于直购进口的数量相对较小,因此风险比较低。由于保税进口严格的限制,直购进口仍然存在较大的市场空间。在某些试点城市,直购进口所占的比重也远远高于保税进口。一些特定产品如农产品等,也适合通过直购进口方式进口。因此,在直购进口方面,为了保证其发展,应给予其更加便利的通关条件,如24小时内快速通关等。对于在保税进口存在重大海关监管风险的商品,应限制采用直购进口模式。

四、完善跨境电商的税制建设

2016年4月8日以后,中国对符合条件的跨境电商产品恢复征收关税、消费税及增值税,但又给予适当的优惠,具体的做法是关税按0税率征收,增值税和消费税按实际税额的 70% 征收(并非税率的 70%)。此外,改征关税、消费税和增值税后,除了计税税率的变化以外,还有一个重要的变化就是取消了单票物品 50 元的起征点,哪怕税额只有 1 元钱也要照章纳税。在此背景之下,跨境电商的税收环境实际上是恶化的。

跨境电商之所以吸引消费者,低廉的价格是重要因素,而较低的税收是导致跨境电商商品价格低廉的重要因素。在"四八新政"之前,跨境电商企业会将单个产品的定价产生的行邮税控制在 50 元之下,这实际上会使得跨境电商商品以"免税"的形式到达消费者手中。而"四八新政"之后,税率最低的跨境电商商品也要承担 10.9% 的税负,税负水平急剧上升。

此外,虽然同一般贸易相比,跨境电商商品享受 0 关税以及增值税和消费税 70% 的优惠,但是一般贸易进口方式的货物的税基往往是到岸价(成本价),而跨境电商的计税依据是零售价(终端价)。由于成本价和终端价之间会有一定的差额,导致了跨境电商商品的税额并不一定低于一般贸易方式进口的货物。另外,一般贸易方式进口的货物,国内环节的运杂费、保费等是可以在计算关税和进口税收的完税价格中扣除,而跨境电商的终端价格是包含这些国内运杂费和保费的,因此跨境电商商品往往还存在着重复征税现象。

鉴于上述分析,应该重新审视跨境电商的税收制度设计。跨境电商的优惠税率应该考虑到成本价与终端价的差异、包含国内运杂费以及保费后形成的重复征税等问题。在此背景下,重新测算跨境电商的税率优惠幅度,从而保证给跨境电商行业营造一个公平竞争的税收政策环境是非常重要的。

五、保障跨境电商支付的安全性和便利化

多样和便捷的跨境支付方式是跨境电商发展的迫切需要,同时跨境电商的快速发展也带动了跨境支付业务的增长。创新管理模式,提升跨境支付便利化的同时保障安全性,有效防范跨境资金流动的风险是促进跨境电商健康发展的重要方面。

（一）保障跨境电商支付的安全性

跨境电商支付机构的首要任务,是要保障支付的安全。支付机构对商家的合规性和真实性进行审核,严格检查开展跨境支付的客户身份真实性,确保交易信息的真实,对每笔交易的数据做到可追溯。其次,研发跨境支付信息安全技术,防范网络风险,维护支付系统的稳定。例如,使用区块链技术具有的无法篡改的优势,实现结算的可追溯性,既防止出现赖账现象,又可以避免诈骗分子通过类似传统的汇款以及信用证进行洗钱的违法行为。[1]最后,国家海关监管部门要定期、不定期地对支付机构进行审查,支付机构的数据要向海关、工商、税务同步分享,促进跨境交易海关监管及时高效。

（二）提升跨境电商支付的便利化

支持第三方支付机构开展跨境支付业务,从而扩大在跨境支付市场的占有份额。目前,中国跨境电商支付主要通过银行、汇款公司、信用卡公司及第三方支付公司完成。第三方支付公司相较于其他三种而言,不仅费用更低而且更加快捷,满足频繁且额度小的跨境电商交易的需要。因此,需要大力扶持第三方支付公司的发展。同时,为更好地提升第三方支付的便利性,第三方支付公司应联合各利益相关方,包括卖家、买家、银行、工商、海关以及外汇管理局等,降低多个参与主体的沟通成本,通过改

---

① 潘成蓉:《第三方跨境电子支付驱动跨境电商发展的策略分析》,《对外经贸实务》,2018年第3期,第57—60页。

善对交易数据的管理来提高支付过程的灵活性和便利化。

（三）构建一站式跨境支付综合服务体系

对于跨境电商而言，迫切需要构建一站式的跨境支付综合服务体系。一站式跨境支付综合服务体系不仅提供网络支付、移动支付及信用支付等传统业务，同时可以为客户提供更多的延伸性服务，为跨境电商企业提供综合解决方案、营销服务和信贷金融服务等。[①]中国的跨境电商支付机构可以针对跨境电商企业发展中遇到的问题，加强与跨境电商平台的合作，提供一体化解决方案。

六、促进跨境电商便利化机制建设

贸易便利化同样是中国跨境电商行业发展所面临的一个难点。由于国内跨境电商执法依据和规范不够明确，跨境物流发展较为落后，跨境电商通关平台和通关机制建设仍未完善，各地区通关水平差异较大，导致了通关便利化问题较难解决。促进跨境电商的便利化机制建设，提高通关效率、缩短通关时间成为当前中国亟待解决的问题。

（一）完善跨境电商通关平台

自 2012 年 5 月国家发改委开展电子商务服务试点专项工作开始，跨境电商试点城市不断探索跨境电商通关机制、不断完善跨境电商通关平台。目前，地方版跨境电商公共服务平台和海关总署统一版跨境电商通关管理系统的核心信息是消费者身份信息和企业提供的订单信息、支付信息、物流信息。企业出于商业机密以及信息安全风险等考虑，不愿意提

---

① 严圣阳:《中国跨境电商支付现状与发展前景》,《经营与管理》,2014 年第 5 期,第 31—33 页。

供完整的订单、支付、物流信息,平台运行受阻。因此,要构建全国跨境电商公共服务平台海关、完善海关总署统一版跨境电商通关管理系统,使跨境电商平台的安全性和规范性得到提升,促进企业积极申报,便利海关管理,提高通关效率。[①]

(二)优化跨境电商海关监管流程

发挥全流程数据汇聚的基础性作用,通过流程改造、政策叠加等方式,加强事前、事中、事后海关监管力量的合理分工和联动互补,提高跨进电商货物通关效率。

1. 创新风险海关监管理念,提高通关效能

鉴于跨境电商交易数据齐备,且采用正面清单准入制管理,风险可控,可以借鉴"一次申报、分步处置"的改革理念,对跨境电商海关监管前推后移。其具体是:简化"三单"(订单、支付单、运单)与清单审核、比对操作,在电子商务通关服务平台完成"三单"与清单的验核,不再将"三单"发送给跨境通关管理系统,仅发送验核通过的清单,跨境通关管理系统也不对清单进行二次验核。

2. 建立后续海关监管制度,做到"放管结合"

将跨境电商企业作为责任主体,全面采集和海关作业及其他管理部门的信用等级数据,实现与电商企业相关的市场海关监管、通关申报、违法失信等数据共享,根据企业异常度和信用等级进行差异化管理,着重对异常度高、信用等级低的企业加强海关监管。同时,充分借助目前海关搭建的大数据云平台,运用业界大数据成熟的应用技术和行为分析思路,加强与社会分析机构合作,在大数据中获取更多有效信息,加快大数据技术和分析方法在海关跨境海关监管的落地实施。以直购进口为例子,创新

---

① 杨芳、郭轶群:《中国中小型出口企业转型跨境电商面临的问题与对策——以浙江省宁波市为例》,《商业经济研究》,2018 年第 1 期,第 135—137 页。

后的海关监管流程如图 8.1 所示。

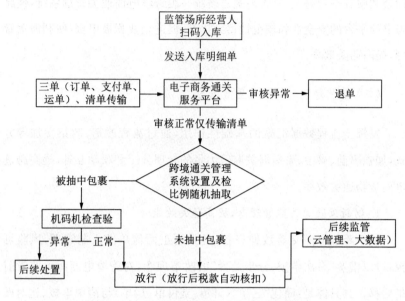

图 8.1　简化的跨境电商审单作业流程图

（三）大力发展跨境物流

跨境物流环节多而复杂,运输路线长、耗时长、成本高,发展困难,滞后于跨境电商发展速度,制约通关效率提升。目前,跨境电商物流模式主要分为传统贸易集中运输、批量化货物小包运输和邮政小包,繁多的模式增加了通关的复杂性。因此,中国应积极通过世界贸易组织、世界海关组织、世界物流发展促进组织完善跨境物流基础设施建设,推进物流标准化信息化便利化建设,大力发展跨境物流,开发整合跨境物流模式,依托第三方物流公司对跨境物流进行监控预测分析,提高分拣配送准确性,优化跨境物流,便利海关根据物流信息等进行物流管理和通关。①

---

① 王娟娟、郑浩然:《一带一路区域通关一体化建设问题研究——基于跨境电商视角的分析》,《北京工商大学学报(社会科学版)》,2017 年第 4 期,总 32 期,第 57—65 页。

七、加强跨境电商的知识产权保护

随着跨境电商的快速发展,知识产权保护已成为中国跨境电商行业发展面临的一块明显的"短板"。由于国内企业缺乏知识产权保护的意识和在知识产权保护上的投入存在先天不足,而跨境电商又将这一缺陷放大,国外企业利用知识产权制约中国的跨境电商企业,中国企业在涉及知识产权的纠纷争议中往往处于劣势,因此,加强跨境电商知识产权保护成为当前中国亟待解决的问题。本研究拟从以下方面提出建议:

我国应以国际公约与协定为蓝本,以国家宏观规划为框架,完善跨境电商知识产权法规,加强跨境电商知识产权保护。世界贸易组织《与贸易有关的知识产权协议》、世界知识产权组织《WIPO 版权条约》及《WIPO 表演与录音制品公约》作为国际公约或协定,为各国对外贸易活动中知识产权保护提供了国际性标准,我们可以借鉴其中的成熟经验。此外,中国2014 年制定的《电子商务领域执法维权专项行动工作方案》,2016 年颁布的《国家经济和社会发展第十三个五年规划纲要》和《电子商务"十三五发展规划"》等政策文件均对跨境电商知识产权立法起到统筹引领性作用。同时,着眼于实际立法层面,跨境电商知识产权涉及跨境电商和知识产权两个领域,因此需要将各自现有的法律规范加以归纳整理,针对跨境电商市场形势及特性、知识产权类型与当下侵权纠纷问题进行综合,最终形成兼具前瞻性、系统性和可操作性的跨境电商知识产权保护法。

目前,中国在对跨境电商知识产权管理的过程中,存在政出多门、管理分散的情况。涉及的知识产权局、公安机关、海关以及文化部门等在知识产权的管理方面执法标准各异、出现执法重叠或者是执法空白的情况,导致知识产权的执法效率下降。[1]建议通过行政立法,明确细化部门职责,对于监管不严、执法不力的部门及其工作人员严格追责。同时,成立

---

[1]　谌远知:《跨境电商中的知识产权风险与应对——以中国(杭州)跨境电子商务综合试验区为背景》,《中共杭州市委党校学报》,2016 年第 1 期,第 91—96 页。

专门的跨境电商知识产权委员会负总责，做好各部门间的协调，形成跨部门的联网监管系统，信息共享，完善部门间联动机制，使各部门相互配合时减少执法重叠或空白，统一执法模式，实现对跨境电商知识产权的有效监管。

　　加大对跨境电商知识产权保护的过程管理，包括事前对跨境电商交易主体的审查、事中建设快速调查机制、事后加大对跨境电商侵权行为的惩罚。首先，由于跨境电商交易主体的多样化，加上网络的虚拟性令交易主体难以明确，给知识产权追责维权带来相当大的挑战。因此，要对交易主体的合法性与商品内容的合法性进行事前审查，建立知识产权授权许可白名单和黑名单，加强备案登记，以备将来追溯。其次，在事中快速处理方面，建议成立跨境电商知识产权侵权快速识别与鉴定机构，①为知识产权侵权处理提供专业意见和建议书，建立快速调查机制。最后，加大事后对跨境电商知识产权侵权的惩罚力度，如冻结一定时限内的通关便利，对于涉及刑事犯罪的，及时移送司法机关，做到对侵权现象绝不姑息。

　　尽管中国与美国、欧盟、澳大利亚等国家和地区签署了涉及知识产权保护的一些协定，但基于缔约国经济实力及知识产权保护意识的悬殊，中国在协定中处于相对弱势地位，大多为需履行的义务而非享有的权利，对于中国产业知识产权保护力度欠佳。而面对中国跨境电商贸易中知识产权纠纷问题愈加凸显的情况，中国在区域、双边以及国际领域对知识产权保护的国际合作应该逐步加大，重新审视国内外形势，对各种协定内容进行协商调整，并在未来参与更多国际合作时能够虑及知识产权保护问题。

---

　　①　郑鲁英:《跨境电子商务知识产权治理:困境、成因及解决路径》,《中国流通经济》,2017 年第 10 期,总 30 期,第 110—118 页。

参考文献

[1] Colin Rule，Vikki Rogers，Louis Del Duca，Designing Global Consumer Online Dispute Resolution（ODR）System Cross-Border Small Value-High Volume Claims—OAS Developments［J］. *UNIFORM COMMERCIAL CODE LAW JOURNAL*，2010（3）:221—264.

[2] 白锐:《电子商务法》,清华大学出版社 2013 年版。

[3] 蔡亚娣、陈蓉:《我国跨境电子商务出口退税存在的问题与对策分析》,《对外经贸》,2018 年第 5 期,第 99—102 页。

[4] 曹薇:《我国跨境电子商务发展战略研究》,对外经济贸易大学,2015 年。

[5] 范娜:《跨境电商中知识产权保护的困境与对策研究》,北方经贸,2019 年第 5 期,第 78—79 页。

[6] 冯萌:《中日跨境电商的发展现状及对策研究》,安徽大学,2019 年。

[7] 高富平:《从电子商务法到网络商务法——关于我国电子商务立法定位的思考》,《法学》,2014 年第 10 期,第 138—148 页。

[8] 顾海峰:《跨境零售进口电子商务税收制度研究》,华中科技大学,2017 年。

[9] 侯欢:《跨境 B2C 电子商务税收征管的难题与破解——基于微观、中观和宏观税收公平的思考》,《西部论坛》,2017 年第 5 期,第 94—101 页。

[10] 胡平珍:《跨境电商视角下的物流运作模式研究》,江西财经大学,2017 年。

[11] 简书:《日本电商发展分析》,https://www.jianshu.com/p/63ec7be8522a。

[12] 李宏丽:《德国和欧盟的贸易统计》,2001 年第 12 期,第 39—40 页。

[13] 李华:《跨境电商零售进口监管的现状、问题及完善路径》,《对外经贸实务》,2019 年第 11 期,第 52—56 页。

[14] 李绍平、徐嘉南:《欧盟电子商务增值税政策对我国的启示》,《哈尔滨商业大学学报(社会科学版)》,2006 年第 2 期,第 56 页。

[15] 李向阳:《跨境电商监管的国际实践和经验借鉴》,《海关与经贸研究》,2019 年第 3 期,总 40 期,第 50—61 页。

[16] 李鑫:《我国跨境电子商务面临的法律困境及对策研究》,烟台大学,2017 年。

[17] 李振瑜:《跨境贸易电子商务税收征管法律问题研究》,华中科技大学,2015 年。

[18] 刘风:《国外电子商务标准发展概况》,《中国质量技术监督》,2005 年第 10 期,第 56—57 页。

[19] 刘美:《跨境电子商务的监管政策研究》,对外经济贸易大学,2016 年。

[20] 刘文、张丹:《中韩跨境电子商务发展比较研究》,《当代韩国》,2017 年第 1 期,第 1—19 页。

[21] 刘志安、陈灏:《近期主要国家跨境电商进口税收政策调整及其影响》,《商业经济研究》,2019 年第 15 期,第 140—142 页。

[22] 龙玲:《问道美国服务贸易统计》,《数据》,2011 年第 3 期,第 32—33 页。

[23] 齐爱民:《电子商务法原论》,武汉大学出版社 2010 年版,第 108—110 页。

[24] 前瞻产业研究院:《2019 年中国跨境电商行业市场现状及发展趋势分析 新零售模式或将引爆快速增长浪潮》[EB/OL], https://bg.qianzhan.com/trends/detail/506/191211-5b102776.html。

[25] 人民日报海外网[EB/OL], http://m.haiwainet.cn/middle/455828/2020/0117/content_31701823_1.html。

［26］任继东:《我国跨境电子商务海关监管对策研究》,大连海事大学,2017 年。

［27］商务部:《日本如何监管电商交易,严格准入及身份确认》[EB/OL],http:// www. mofcom. gov. cn/article/i/dxfw/cj/201412/20141200834851. shtml。

［28］佘建明:《跨境电子商务进口业务的发展与邮递渠道海关监管改革》,《海关与经贸研究》,2015 年第 2 期,第 70—78 页。

［29］史诗:《国务院政策吹风会:一文读懂跨境电商零售进口问题》,《中国科技财富》,2018 年第 12 期,第 75—76 页。

［30］宋佳润:《跨境电子商务征税法律问题研究》,西南大学,2017 年。

［31］搜狐网:《2018 年跨境电商美国卖家的生存报告》[EB/OL],https://www.sohu.com/a/257222758_763455。

［32］王萍:《我国跨境电子商务关税征收问题研究》,郑州大学,2019 年。

［33］王云:《BB 跨境电子商务公司的零售进口方式选择研究》,北京交通大学,2016 年。

［34］吴昊:《10 余部委齐发三份重磅文件进口跨境电商再迎实质性利好》,《计算机与网络》,2018 年第 24 期,第 6—9 页。

［35］吴旻:《2018 年跨境电商行业十大政策盘点与解读》,《计算机与网络》,2019 年第 2 期,第 6—9 页。

［36］吴怡慧:《跨境电商税务问题研究——小额电子商务》,《财讯》,2017 年第 21 期,第 108 页。

［37］夏露:《电子商务法规》,清华大学出版社 2011 年版。

［38］夏倩鸣:《跨境电商产业链发展及对策研究——以杭州跨贸小镇产业园为例》,浙江大学,2017 年。

［39］亿邦动力网:陈海权《中国跨境电商约有 450 万的人才缺口》[EB/OL],http://www.ebrun.com/20171027/251440.shtml。

［40］于倜:《中国跨境电商零售进口监管面临的挑战与对策——基于海

关与消费者角度的定性分析》,《海关与经贸研究》,2018 年第 1 期,第 45—59 页。

[41] 余波:《中国海关通关管理模式研究》,西南交通大学,2007 年。

[42] 余卓:《进口跨境电商的海关监管现状与政策优化研究——以重庆海关为例》,重庆大学,2017 年。

[43] 雨果网:《欧盟 VAT 改革方案对于跨境电商到底意味着什么》[EB/OL],https://www.cifnews.com/article/31248。

[44] 张建国:《跨境电子商务与海关管理研究综述及展望》,《海关与经贸研究》2016 年第 1 期,总 37 期,第 34—51 页。

[45] 张莉:《我国跨境电子商务税收制度的演进与实践》,《中国流通经济》,2018 年第 10 期,第 48—55 页。

[46] 张鸣飞、杨坚争:《我国跨境电子商务政策发展情况初探》,《电子商务》,2017 年第 9 期,第 8—9 页。

[47] 张娉娉:《跨境电子商务反避税制度研究》,烟台大学,2017 年。

[48] 长城网:《17 项举措创新跨境电商模式》[EB/OL],https://www.sohu.com/a/73577740_119586。

[49] 赵坚东:《我国海关对跨境电子商务监管的风险研究》,华东师范大学,2018 年。

[50] 赵若禹:《兴城泳装企业 S 跨境电子商务的发展策略研究》,沈阳理工大学,2017 年。

[51] 赵宰衍:《中韩电子贸易现状及发展策略研究》,青岛科技大学,2014 年。

[52] 郑爱萍:《关于跨境电商税收法定的探析》,《发展研究》,2016 年第 4 期,第 72—76 页。

[53] 中国电子商务研究中心:《主要国家和地区跨境电子商务发展经验及启示》[EB/OL],http://www.chinawuliu.com.cn/xsyj/201607/05/313376.shtml。

［54］中国经济时报：《美国：电商税收优惠的鼻祖》［EB/OL］，http://
finance.jrj.com.cn/2016/08/24093021361171.shtml。

［55］朱华君：《宁波海关风险管理研究》，宁波大学，2018 年。

［56］朱磊：《基于海关监管视角的跨境电子商务零售进口研究——以 p 综
保区海关为例》，天津财经大学，2017 年。

［57］祝梦瑶：《我国跨境电子商务法律制度的困境及完善》，浙江大学，
2017 年。

图书在版编目(CIP)数据

跨境电子商务国际海关管理/高翔著.—上海：
上海人民出版社,2021
(上海海关学院学术文库)
ISBN 978 - 7 - 208 - 16914 - 2

Ⅰ.①跨…　Ⅱ.①高…　Ⅲ.①电子商务-海关管理-
研究-世界　Ⅳ.①F713.36 ②F74

中国版本图书馆 CIP 数据核字(2021)第 011575 号

责任编辑　赵蔚华
封面设计　张志全工作室

上海海关学院学术文库

跨境电子商务国际海关管理

高翔　著

出　　版　上海人民出版社
　　　　　(200001　上海福建中路 193 号)
发　　行　上海人民出版社发行中心
印　　刷　常熟市新骅印刷有限公司
开　　本　720×1000　1/16
印　　张　16
插　　页　4
字　　数　198,000
版　　次　2021 年 2 月第 1 版
印　　次　2021 年 2 月第 1 次印刷
ISBN 978 - 7 - 208 - 16914 - 2/F · 2676
定　　价　78.00 元